心理学与管理语言

"心理学与脑力思维"编写组 编著

中国纺织出版社有限公司

内 容 提 要

作为管理者，无论是为下属布置工作任务、做工作报告、开会，还是演讲、商务谈判等，都离不开说话。管理者需要具备出色的语言表达能力，是否会说话、说话是否能深入人心，已经成为衡量职场管理能力的一大标准。

《心理学与管理语言》从心理学的角度出发，立足于管理者的日常工作，深入浅出地介绍了对管理者说话具有指导性的技巧与方法，可以帮助管理者提高自己的讲话水平，在面对不同对象、身处不同场合时都能得体而恰当地运用语言技巧打动他人、达成自己的说话目标，进而帮助管理者提升形象、树立威信，实现高效管理。

图书在版编目（CIP）数据

心理学与管理语言／"心理学与脑力思维"编写组编著. -- 北京：中国纺织出版社有限公司，2024.12
ISBN 978-7-5229-1491-6

Ⅰ.①心… Ⅱ.①心… Ⅲ.①管理心理学—通俗读物 Ⅳ.①C93-05

中国国家版本馆CIP数据核字（2024）第052409号

责任编辑：林　启　　　　责任校对：王蕙莹
责任印制：储志伟　　　　责任设计：晏子茹

中国纺织出版社有限公司出版发行
地址：北京市朝阳区百子湾东里A407号楼　邮政编码：100124
销售电话：010—67004422　传真：010—87155801
http://www.c-textilep.com
中国纺织出版社天猫旗舰店
官方微博 http://weibo.com/2119887771
天津千鹤文化传播有限公司印刷　各地新华书店经销
2024年12月第1版第1次印刷
开本：880×1230　1/32　印张：7.25
字数：135千字　定价：49.80元

凡购本书，如有缺页、倒页、脱页，由本社图书营销中心调换

前言
PREFACE

当今社会，是否会说话、口才如何，对我们的工作和生活起到了非常重要的作用，一个人如果善于言辞、会说话并且口才好，就能把自己的工作生活调节得轻松有趣而且非常愉快，不仅使自己快乐，也使他人快乐。在西方，有位哲人也说过："世间有一种成就可以使人很快完成伟业，并获得世人的认识，那就是口才。"对于现代职场中的管理者来说，是否具备好口才，将直接影响着其财富积累与事业成败，因此，口才对于管理者来说，就好比氧气对于生命那么重要。试想，如果一个管理者的口才欠佳，那么，他又如何能在复杂的工作环境中支撑局面、稳步攀升呢？

在现代企业内部，真正高效的管理就在于和被管理者之间能够进行有效的沟通。相关调查证明，清晰的沟通会得到员工对工作的投入和认可、较高的忠诚度和生产力。接下来，自然会有好的工作业绩，所以，管理者与被管理者之间的有效沟通是管理艺术的精髓。

事实上，也有资料表明，企业管理者70%的时间用在说

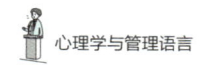

话上，例如，开会、商务谈判、做工作报告、与员工谈话，虽然管理者投入了大量精力用于说话，但是因为口才不好而引发沟通障碍的事却经常发生，如员工工作积极性差、执行力差等问题。因此，管理者提高自己的说话水平特别重要。

那么，怎样的管理语言才是有效的呢？管理学大师认为，管理就是要懂"人性"，带队伍就是带"人心"。可见，真正有效的管理语言一定是能打动人心的，懂心理学的管理者，往往懂得春风化雨，用温暖得体的语言去感召被管理者，在"润物细无声"中达到管理的目的。

当然，任何一种能力，也包括好口才的获得都不是一朝一夕的事，特别是作为一个管理者，说话很容易，但要说好话，将话说得"深入人心"，真正表达自己并达到自己目的却并不容易。不过，也并不是做不到，国内外大量的实践研究表明，掌握并合理运用一些基本心理技巧，对于管理者在较短的时间内成功地提高自己的讲话水平，还是大有帮助的。

本书就是立足于管理语言这一问题，从心理学的角度出发，集各行业管理者的讲话经验和讲话艺术于一体，融理论指导性与实际可操作性于一体，语言精妙，文字洗炼，告诉管理者怎样炼就深入人心的好口才，成为受欢迎的管理者。相信如果你能掌握本书的精髓，你的说话水平能够获得质的提高。

目录
CONTENTS

▶ 第 01 章 ◀
领导者说话把握原则：展现威严和亲和力

管理者要言辞准确，谨慎表达　~　002

管理者要做到信守诺言　~　004

管理者说话重在清晰简短　~　007

塑造干练形象从说话开始　~　010

表达思路清晰，彰显思想深度　~　013

亲和力使管理者更让人信服　~　016

▶ 第 02 章 ◀
化解言语困境：随机应变炒热说话氛围

掌握化解言语尴尬的技巧　~　022

用幽默化解挑衅，体现管理者气度　~　024

面对无理取闹，要以事实反驳　~　027

营造氛围，调动对方的谈话热情　~　030

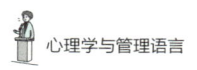

如何补救言语不当 ~ 033

遭遇冷场，管理者如何烘热气氛 ~ 036

▶ 第 03 章 ◀

掌握语言心理学：好领导说话要深入人心

练就出色表达，先要培养良好修养 ~ 042

知识底蕴深厚，才能言之有物 ~ 044

心理素质好，才能轻松表达 ~ 047

培养洞察力，说话才能更为独到 ~ 051

控制情绪，语言更有说服力 ~ 054

胸无点墨，滔滔不绝也无用 ~ 057

声音婉转动听，能为语言加分 ~ 060

▶ 第 04 章 ◀

掌控提问技巧：善于沟通打开他人心扉

放下架子，与下属平等对话 ~ 066

如何打开内向下属的心扉 ~ 069

避免一言堂，多倾听下属说话 ~ 073

用心倾听，尊重下属意见 ~ 077

交谈循序渐进更得人心 ~ 081

尊重下属的看法，不要急于否定 ~ 085

第 05 章

修炼演说风格：把控全场气氛赢得人心

开场有特点，演讲就成功了一半 ~ 090

语调抑扬顿挫，让表达更有趣 ~ 093

把控说话节奏，内容更易入耳 ~ 095

突出演说主题，牢记说话目的 ~ 098

适当停顿，让演讲更意味深长 ~ 101

制造共鸣，调动听众情感 ~ 104

第 06 章

管理即信服：巧用语言技巧树立威信

三思而后言，用心说话尊重听众 ~ 110

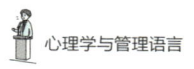

有理有据，管理者说话要中肯到位 ~ 113

利用权威效应提升语言信服力 ~ 116

善于眼神交流，让对方认为你值得信任 ~ 119

用微笑提升领导气质 ~ 123

活用手势，提升讲话的力量 ~ 126

第 07 章
洞悉工作心理：引导下属高效地工作

传达工作指令，不可模棱两可 ~ 132

幽默表达，轻松安排日常工作 ~ 135

注意自身言行，谨防负面影响 ~ 138

考虑下属特点，合理委派任务 ~ 141

多换位思考，获得下属支持信任 ~ 145

说话因人而异，交流方法因人制宜 ~ 148

第 08 章
表达关心问候：嘘寒问暖关心下属

会说话的管理者，更受下属欢迎 ~ 154

以情动人，拉近心理距离 ~ 156

嘘寒问暖，与下属沟通要以人为本 ~ 160

从点滴小事入手，对下属表达关心和爱护 ~ 163

做下属的知己，多听听下属的心声 ~ 166

主动承认错误，管理者更应真诚待人 ~ 169

第 09 章
点燃下属工作热情：提高语言影响力

多肯定少否定，激发下属动力 ~ 174

表达赞赏，调动下属积极性 ~ 177

巧言激将，激发下属的好胜心 ~ 181

制订工作目标，切记具体可行 ~ 184

不必苛刻，对下属多些宽容之心 ~ 189

利用竞争机制，调动工作斗志 ~ 192

第 10 章
化解工作矛盾：利用心理技巧让氛围更和谐

化解矛盾需要对症下药　~　198

幽默表达，风趣的管理者更受人欢迎　~　201

幽默化解矛盾，让争端在轻松一笑中解决　~　204

照顾他人面子，化解矛盾赢得尊重　~　207

调解矛盾，务必要客观公正　~　210

做好协调沟通，保证工作有序进行　~　213

参考文献　~　219

第 01 章

领导者说话把握原则：展现威严和亲和力

管理者要言辞准确，谨慎表达

讲话时，如果语言不准确，时常说一些模棱两可的话或含糊之词，就不能把想要表达的意思说清楚，甚至不被听话者理解或接受，引起一些不必要的麻烦或误会。作为领导，说话的时候更要谨慎，不能总说一些让人听不懂的话。说话的时候，最好先把自己要表达的意思确定下来，反复斟酌，然后用准确的语言表达出来，只有这样，才能让下属更好地接受或理解你的意图。

张帆作为一个部门的经理，手下管着8位员工。有一天，早晨刚上班，就突然有3位员工一起提出了辞职，这让张帆感到不安。于是，在那3位员工走后，张帆立即召集剩下的5名员工开会，并且对他们说："大家要努力啊，3位精明强干的同事走了，我们的前途堪忧啊！"

张帆的这句话无意中得罪了剩下的5名员工，在接下来的日子里，张帆的工作似乎更难开展了。

一个说话准确的人，不但可以清晰、流利地表达自己想要说的话，还能够把话说得很委婉、动听，使听众更加容易接受。因此，对于领导来说，在对员工说话的时候，应当尽量少说或者不说模棱两可的话，只有明确而清晰地把话说出来，才能准确、迅速地把你想要表达的信息传递给下属。

因此，领导在下达命令或者进行决策的时候一定要准确无误，不能随心所欲，想说什么就说什么，一就是一，二就是二，容不得半点含糊。

作为领导，如果想要让自己的命令不打折扣地执行下去，那么说话的时候就要把内容讲清楚。只有准确无误地表达自己的意图，下属才能够很好地贯彻并执行你的命令。作为领

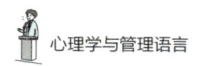

导，如果你连所要讲的内容都讲不清楚，说话时总是模棱两可或含糊不清，那么从语言素质来看，当领导的能力是有一定欠缺的。

管理者要做到信守诺言

领导者说话时要"以信为本"，主要指的是：领导者每天都要面对自己的群体或团队，要经常发号召、下指示、做总结，为实现工作目标而统一思想、理顺情绪、鼓舞士气、总结经验……但无论何时，领导者说话都要得体，要摆正自身的位置，讲话时要一是一，二是二，坚决果断，绝不食言。

然而，在生活中，常有一些人喜欢顺口答应别人事情，而事实上却无法做到，这就叫作"说话不靠谱"，领导尤其要避免这一点。有很多刚刚上任的领导，由于过分相信自己的实力，轻易答应下属："过些时候我就给你办。"最后往往兑现不了承诺。这样就很容易给下属留下"不守信用"的印象。

郝先生是一位年轻的外贸公司地区市场负责人，他很想解决分公司销售中的问题，于是就向销售部门提出种种计划。他每次到总公司出差时,都要向销售科长说:"我那边的产品A销售不佳,要求减少该产品的供应量。""目前我那里产品B销量增加,应该增加货源。""顾客普遍要求送货上门,我们是否考虑开展此项业务,既方便顾客又能保持客源。"每次他提出这些问题时,销售科长都回答他说:"是这样啊!好的,我晓得了,我可以考虑一下。"或者:"我可以和上级商量一下,以后再说好了。"就这样,总是不能给他一个明确的答复。

两个月很快就过去了,而销售变动的只有申请中提到的那些事而已,口头的汇报和要求并没有得到答复。郝先生想尽办法,通过厂长向总公司的常务董事提出报告。常务董事听后说:"原来是这样,我晓得了。我会好好安排,让销售科长去处理此事。"郝先生从常务董事那里听到此消息后,非常高兴,以为销售问题即将解决,遂告诉员工和顾客问题很快就会得到解决,只是时间的问题。

三个月后依旧毫无动静,到第六个月,才有细微的变化,也只是些表面的工作而已。至此,下属和顾客对郝先生的不信任感越来越强烈了。其实,郝先生确实付出了很大的努力,而其下属和顾客仍不免在背后批评他。其实,错并非在郝先生本身,而在于他急于解决问题,处理方式却不当,徒然惹来这些非议。

企业中，有很多像郝先生这样的领导，听到下属的请求时，往往认为事情很好办，对于自己的能力来说不值一提，便满口答应，根本不考虑实际情况。事后，由于情况变化，再加上对自身能力估计过高，以致事情没有办成，最终失信于下属。

总之，领导者的信誉是一种巨大无比的影响力，也是一种无形的财富。领导者如果能重视自身"领导"的位置，说话"绝对靠谱"，做到言行一致，就能赢得下属的信任，下属自然会尊敬你、信赖你。反之，如果你经常言而无信，言行不一致，下属就会怀疑你说的话，做的每一件事，对你没有任何信任可言。

管理者说话重在清晰简短

很多公司的领导可能都有过这样的经历：在开会或者演讲的时候，自己在台上滔滔不绝，慷慨激昂，而台下的很多员工却都在各自做自己的事情，有的闭目养神，有的窃窃私语，还有的玩手机。之所以出现这样的现象，一个很重要的原因就是领导说话过于冗长，不吸引自己的下属，内容空洞。

精彩的发言无须长篇大论，言简意赅往往更精悍有力。然而很多职场领导都存在这样一种误区：认为讲话时间的长短与领导被重视的程度有关。因此，即使没有多少实质内容的会议或者谈话，他们也会一再重复，反复强调，套话泛滥，生怕因为自己重复的次数少，内容短而得不到下属的重视，殊不知，结果恰恰相反。本来下属很乐意接受的指令，却因为领导的废话连篇，而招致他们的反感。

一天，一个富翁去听一场授课，在开始的半个小时里，富翁听得很认真，也很感动，所以他决定等课程结束后，把自己带的所有钱都捐献出去。过了一个小时后，讲师还在讲，这时，富翁有点不耐烦了，他改变自己的主意，决定只捐献自己

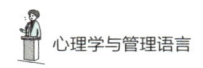

身上的零钱,把整钱留给自己。可是,又过半个小时,讲师的课程似乎还没有结束的意思,此时接近无奈的富翁再一次改变主意,他决定分文不捐。最后等课程结束的时候,已经愤怒的富翁,不但没有捐钱,反而从捐款箱中拿走了2元,作为对自己时间的补偿。

沟通时话不在多,关键在于有效,这样才能通过沟通来获得一些有含金量的信息。

真正有才能的领导,在讲话的时候一定会言简意赅、力求精练。这样的领导具有很强的概括能力,不但说出来的话很有分量,还很容易得到别人的认可,提升个人的威信。

讲话简洁、精练、准确不仅是倾听者所希望的,更是提升个人能力的要求。那么,如何做到这一点呢?可以从以下两个方面多加练习。

1. 养成"长话短说"的习惯

领导者在说话的时候有话要短说，没话就不说。一两句话就能解决的事情，绝不要通过开会或者进行长时间讨论，这样只会让下属对你的讲话产生抗拒，你的滔滔不绝，费尽口舌，得到的只是下属的极度反感。

对于领导者来说，"善于讲短话"是一种能力和艺术。但我们也需要记住：不能为了讲短话而讲短话。讲短话不是目的，目的是要讲精炼有用的话。

2. 加强文化学习和提高文化修养

需要领导者在日常生活和工作中不断探索，要勤于学习、善于思考、勇于实践，努力使自己具备较高的思想文化修养和扎实的理论功底。

没有人喜欢花很长时间去听一场空洞的"长篇演讲"，即使你是领导。因此，在和下属交流的时候，为了实现有效沟通，一定要多思考怎样可以在最短的时间里把问题说清楚，把意思表达明白。

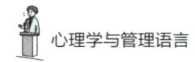

塑造干练形象从说话开始

如果领导在讲话的时候，总是习惯说口头禅，不仅会有损自己说话的形象，还会使好端端的一席讲话变得支离破碎，使人听起来别别扭扭。这样一来，不但会影响意思的表达效果，而且会给听众增加接受和理解上的困难，势必影响交谈的效果。

小涛是某著名服装企业的销售经理，他在公司会议上因为"口头禅"还闹出了不小的笑话。

这一天，公司销售部例行开会。会议由小涛主持，他在会议上说："现在的竞争真是越来越激烈了，是不是？可是我们的服装在全国各大卖场卖得很好，是不是？我们的销售额在逐渐增长，是不是？这说明我们的服装设计团队和销售团队很给力，是不是？但是，大家需要记住的是，我们不能因此而骄傲，更不能忽视我们的竞争对手，是不是？对手也很优秀，是不是？"小涛每说一句话，后面都带一句"是不是"，结果对小涛不是很熟悉的新员工忍不住笑起来，把本来很严肃的会场瞬间搞乱了。

小涛见状立马就急了，阴沉着脸训斥道："公司有严格的规定，员工要遵守公司的规章制度，是不是？开会是一件很严肃的事情，是不是？开会期间怎么能笑呢？是不是？"谁知道，小涛的这一番训斥，导致台下笑的人更多了。

口头禅就是语言中的杂质，就像米饭中的砂石一样。一名领导，要想给下属留下谦虚而干练的美好形象，使自己的讲话变得更精炼、明快、流畅，就要努力戒掉口头禅。

1. 增加词汇储备

口头禅多是一些毫无价值的词语，如果领导在日常生活和工作中不断去学习、不断地拓宽自己的知识面，并注意提高自己的语言表达能力，那么自然会少用"口头禅"。只有掌握大量的词汇，讲起话来才能妙语连珠、流畅顺利，因此"口头禅"自然也就戒掉了。

2. 讲话前先"默讲"

领导在讲话的时候，要事先默讲几遍，只有对所要讲的内容、措辞十分熟悉，才能在正式讲话的时候少出现或不出现口头禅。

3. 讲话要沉着冷静，深思熟虑

有口头禅的领导，在讲话的时候要冷静，不急躁，把话讲得慢一些，稳一些，只有这样才能防止口头禅在不经意间从嘴里说出来。

4. 平常说话要力求完整

要想改掉口头禅的习惯，就需要领导平常讲话的时候尽量把话说完整，不说或少说半截子话。这里谈到的"完整"，指的是句子的主要成分要齐全。比如，有下属问："您五一这几天去哪里旅游了？"你不要图省事，只回答"去北京了"。最好用完整的句子回答："我五一期间跟家人一起去北京旅游了。"这样的回答尽管有点麻烦，还有点像小学生，但是，只要你能长期坚持下去，就非常有助于改掉口头禅的习惯。

表达思路清晰，彰显思想深度

身为企业的领导，在日常工作中，免不了要经常当众说明某件事情，或布置任务、传达指示，或就某一情况作出解释，这时的讲话就不能像平日里聊天那样，用词随意、天南海北地乱侃一通，再加上领导身份的特殊性，就更加要求领导在讲话的时候必须要有逻辑性，有条有理、层次分明。

作为一个领导者，在公众场合讲话的时候，首先要确立讲话的重点，然后做到层次分明，具有一定的语言逻辑，更重要的就是要前后一致，不能指东言西。如果讲话时语法混乱，文理不通，词不达意，即使你相貌堂堂，听众也会对你的印象大打折扣。

王悦是某保险公司的经理，每天早上都会对自己手下的员工进行短暂的培训，由于她讲话时条理清晰、思路明确，中心思想突出，每次讲的内容都能被员工们很好、很快地吸收，因此深受员工们的尊敬。她今天讲的主题是"孩子究竟该买什么样的保险"。

王悦说："保险有很多种类，家长不是业内人士，所以有时候买保险具有盲目性，认为贵的就是好的，没有根据自己的需要来购买。所以，我们今天就来谈谈给孩子该买什么保险。首先是'意外医疗保险'。儿童都是好动、爱玩、喜欢新鲜事物的，所以，意外险是一定要购买的。尤其是意外医疗，因为孩子在玩时磕磕碰碰是在所难免的，意外医疗就显得尤其重要。其次是'疾病住院医疗保险'，孩子在0～6岁期间，由于身体抵抗能力差，很容易发烧感冒，而且现在的医疗费用又那么高，所以，一般孩子住院医疗是无法避免的。最后就是……所以，家长最应该为孩子买的就是这样几种保险。"

王悦讲完课之后，办公室里响起热烈的掌声。

像王悦这样讲话，不仅中心意思明确、思路清晰，并且简单明了，得到员工的认同也是情理之中的事情。因此，领导在讲话的时候，一定要富有逻辑性，并且层次分明，只有这样才能增加语言的吸引力，才能让听众更好地接受。

那么，如何增强自己的语言逻辑性呢？

1. 把握说话的中心

作为一名领导者，在同下属讲话时，首先要把握说话的中心，要时时刻刻把讲话的主题牢记于心，不管中间穿插多少题外话，转了多少个话题，都不能偏离说话的中心思想，这些话题都应该为说明中心思想而服务。

2. 说话过程中加上一些序数词

领导在讲话的时候，为了使讲话内容按照事先预设的思路条理清晰地表达出来，让语言更具逻辑性，层次更分明，就可以灵活运用"第一、第二、第三；首先、其次、最后"等序数词来表述，这样讲话，让听众听起来感到条理清晰、简洁明了。

3. 做好充分的准备

如果事先没有准备，那么讲出来的东西可能前言不搭后语，漏洞百出，更别说有层次感了。因此，在讲话之前，最好做一些准备，列个提纲或者私底下默诵、试讲，对讲话的内容

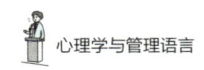

越熟悉，就越能把话讲好，方可做到有的放矢。

亲和力使管理者更让人信服

现如今，总有一些领导会有这样的想法：我们是管理者和统治者，公司的员工则是被管理者、被统治者。因此，他们在跟员工说话的时候，很喜欢在员工面前显示自己作为统治者和管理者的"架子"。"架子"是他们用来表现自己、抬高自己的一种自大、傲慢的姿态。其实，领导他们在说话时摆的"架子"越大，官气越足，员工就越反感，与他们的距离就会越来越远。久而久之，不但不利于各项工作的开展，还会使员工的意见越来越大。

很多事实证明，领导说话时具有亲和力、不摆架子，更容易消除和下属之间的隔阂，有助于把想要表达的内容传递给下属，使下属心甘情愿地去听你说话，并试着接受你所说的内容。

张彤是某著名化妆品公司的执行总监。为了扩大公司产品的影响力，她用的所有化妆品都是自己公司生产的。当然，她也不建议公司的其他女性员工用其他化妆品公司的产品。

有一天,张彤发现公司的一名员工在使用别家公司的粉底和唇膏。于是,她就走到员工的桌子旁边,假装跟这位员工谈事情,微笑着说:"琳达,这套化妆品是哪家公司的呀,有什么特殊功效吗?"

张彤在说这话的时候脸上始终保持着微笑,口气也十分轻松,更没有一丝总监的架子,就像两个好朋友在谈心一样。这位叫琳达的员工听后脸立刻红了。下班的时候,张彤送给琳达一套公司的化妆品,并且说:"试一下自己公司的产品吧,保准不会让你失望。希望你在使用的过程中可以把你的感受反馈给我哦!先谢谢你了。"

没过多久,在张彤和琳达的"推销"之下,公司里的新老员工都有了一套本公司生产的适合自己的化妆品。并且,张彤还在公司的内部会议上说,以后公司的员工购买化妆品会有优惠和惊喜。

张彤和蔼可亲的态度,与员工说话时不摆架子和良好的亲和力,很快拉近了"总监"与员工之间的距离,并且与员工们打成一片,为自己赢得了大量的人气,年底顺利地晋升为了副总。

身为副总的张彤,在与员工说话时仍然是"老样子"——有亲和力,不摆"副总"的架子。

张彤虽然是"高高在上"的领导，但是她在和员工交流的时候，从来都不摆架子，像朋友一样和大家交流，即使批评对方时也是和蔼可亲。她的做法让下属有一种被尊重的感觉，所以，自然很乐意听她说的话，也很愿意去服从。

作为领导，你在日常跟下属交流的时候，如何说话或者是采用什么样的说话方式，才能被下属更好地接受呢？

1. 不要自恃身份，摆架子

领导和下属之间本来就有着地位上的差别。一般情况下，领导和下属说话的时候，下属往往会产生一定的胆怯，如果领导在说话时具有亲和力，"忘记"自己的身份，就会很容易拉近与下属的距离，此时下属才不会对你产生抵触心理，从而愿意听你说话。

2. 不要居高临下式的张扬

有的领导长期身居高位，养成了一种居高临下的说话习惯，说话的时候很张扬。要谨记，如果领导在说话的时候过分张扬，就会在跟下属交流的过程中流露出轻蔑和傲慢，让下属产生反感，从而影响谈话的效果。

3. 说话时的语气要温和

如果说话的语气过于冰冷，不带任何感情色彩，就会给下属带来压抑的感觉，这样下属也很难接受你的说话方式。

总之，如果一个领导在员工面前威风十足，说话带"官腔"，处处端着"官架子"，那么，他离"单打独斗"也就不远了。而那些"忘记自己身份"的领导，工作将越来越顺利。

第02章

化解言语困境：随机应变炒热说话氛围

掌握化解言语尴尬的技巧

在日常的谈话中，无论是凡人，还是名人，都有可能说错话，出现言语上的失误，使自己陷入尴尬的境地。

一次，王主任去参加朋友的晚宴，席间，他与本地一位企业家聊天。王主任可能是想使他们之间的谈话显得轻松一些，于是就随意地指了指一个正在跳舞的女人说："看那位穿着黑白格子旗袍的女人，那件衣服穿在她的身上实在是不合适到了滑稽的程度。"

没想到这位企业家冷漠地对他说："那个女人是我的太太。"

可以想象，当时王主任的处境是多么的尴尬。

作为一名领导，由于平时的沟通比较多，因此很容易遭遇窘境，这个时候最需要的就是冷静，迅速地思考如何应对，如

何以妙语摆脱尴尬。能做到这一点的人，才能在应对各种场面的时候，做到巧言应对，收放自如，不失风度。

对于一名领导，平常在说话、演讲、论辩或者接受采访的时候，难免会因为自己言语上的不慎，或者别人的故意刁难而陷入尴尬的处境，这个时候就要善于运用一些巧妙的语言，把自己语言中的潜在力量激发出来，帮助自己摆脱尴尬的境地。

在遇到一些尴尬局面的时候，可以使用一些语言上的技巧使自己摆脱窘境。下面是几种有效的方法。

1. 巧用幽默

这种方法不但能巧妙地帮助自己摆脱尴尬，还能展现自己

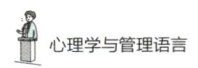

语言的魅力，更能增添笑声，使听众很快忘记自己的失误。

2. 制造借口

为自己寻找一个适当的借口，这样在身处窘境、无言以对的时候，就能帮助自己摆脱窘境，化解尴尬，也不失为一种机智的行为。

3. 错上加错

这种方法也可以称为借题发挥，在说话的过程中借着错处加以发挥，运用风趣、灵活的话语改变气氛。很快，你就能从窘境中摆脱。

总之，无论在何种情况下陷入尴尬的境地，领导们都不要慌张，要保持镇定来激发自己在语言上的能量，运用技巧和机智灵活的话语使自己摆脱尴尬。

用幽默化解挑衅，体现管理者气度

人与人之间的交往并不都是友好的，有些人常常会说一些话或做一些事情让对方陷入尴尬，这个时候幽默是一种很好摆脱窘境的方法，也会起到一些意想不到的效果。

面对别人的无故挑衅，自然不能无动于衷，但是又不能恶语相向，因为这样做只会使事情进一步恶化。这个时候，就要拿起"幽默"这个武器来捍卫自己的尊严，因为"幽默"不仅能有效地反击对方，而且不至于使事态进一步恶化，更能体现自己的风度。

有一位成名不久的作家，她的书十分畅销，她也因此迅速成为了众多年轻人心目中的偶像。

有一天，在签名售书的活动现场，一个男人对她很不以为然，当着众人很不友好地说："我不得不承认你的书写得很好，不过，请问是谁帮你写的呢？"显而易见，这个没有礼貌的人是故意来闹事的。签名售书活动现场的气氛一下子变得

紧张起来，所有的声音好像同时消失了一样，很多书友面面相觑，场面非常尴尬，大家都觉得接下来会发生一些很不愉快的事情。出乎大家意料的是，女作家并没有表现得很尴尬，她非但没有生气，反而面带微笑，幽默地对这个无理取闹的男人说："很荣幸得到你对我作品的夸奖，不过请问，是谁帮你看的呢？"女作家的反问，令那个男人哑口无言，灰溜溜地逃走了，现场响起一片掌声。

女作家以幽默的"学话"，非常巧妙地维护了自己的尊严，并且达到了一种以其人之道还治其人之身的效果。

作为一个有一定地位的领导，在遭遇别人攻击的时候，我们可以退让，但是要有个限度。退无可退的时候，就无须再退，这个时候不妨用幽默的方式给对方一个反击。幽默不仅是一种具有智慧的反击方式，也是一种无形的进攻方法，可以说，幽默是一种有力的武器，因为幽默总是以含蓄、委婉的方式达到打击对方的目的。

无论是在生活中，还是工作中，领导们如果遇到一些无理取闹或是故意挑衅的人，一定要学会用幽默进行反击，以彼之矛攻彼之盾，这样一来，不仅化解了对方的无故挑衅，还令对手哑口无言，自讨没趣。

面对无理取闹,要以事实反驳

咄咄逼人,常常用来形容一个人气势汹汹,盛气凌人,使人难堪。领导者在工作中遇到这种下属时,要镇定自若,面对下属的尖锐语气,不要急于开口,而是要寻找其语言中的漏洞,后发制人,一语中的。

那么,领导者在日常交际中,也会不可避免地遇到这种"咄咄逼人"的人。遇到这种人该怎么办呢?

也许人们听到最多的就是"抢占先机""先下手为强,后下手遭殃"这类的话,但是遇到"咄咄逼人"的人时,"硬碰硬"只会让情况变得更加糟糕。再加上这种人一般都是有备而来,或者对自身的条件了解得比较充分,有信心战胜对方。此时采用这种方法就不是上上之策了,而应该暂避其锋芒,静观其变,找准合适的时机出击。

最初,不管对方是如何盛气凌人,也不管对方是如何霸道,都要耐心地听取对方的要求和理由,并不时向对方请教问题,在暗中做好充分准备,积蓄力量,以便一击而中,一击而倒。《三国演义》中记载了杨修和张松论辩的一个故事,张松就用"后发制人"将杨修一举击溃。论辩的大致内容如下:

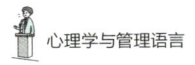

有一天，张松来到了曹操的营帐，遇见了杨修。张松知道，杨修是个口才出众、思维敏捷、能言善辩之人。据说口才很好的曹操都曾经被杨修说得哑口无言，最后只能甘拜下风。杨修也久闻张松的大名，但是杨修觉得自己口才出众，便从来不把别人看在眼里。于是，为了给张松一个下马威，杨修把张松请到书房里。杨修开口就说道："先生远道而来，辛苦了。"

张松说："奉主公之命，即使赴汤蹈火，也不敢推辞。"

杨修又问："蜀中的人才怎么样啊？"

张松答道："文人有司马相如那样的天资，武将有严君平那样的精英。三教九流，出类拔萃的，记也记不清，数也数不过来啊。"

杨修继续说道："当今刘季玉手下，像你这样的人才还有几个？"

张松说："能文能武、智勇双全、忠义慷慨之人，数以百计。像我这样的无才之辈，车载斗量，不可胜数。"

杨修问："那你现任什么职位啊？"

张松说："说起来令人汗颜，滥竽充数，做了个伴驾的差事，十分不称职。斗胆问一下，您在这里担当什么重要职务啊？"

杨修道："现任丞相府主簿。"

张松说:"早就听闻你家中世代都是做大官的,你为什么不在朝中做丞相辅佐天子,却洋洋得意地做相府的一名小官吏呢?"杨修听后不禁满脸通红。

由这场论辩可知,杨修在整个论辩的过程中,气势汹汹,咄咄逼人,一心想让张松难堪。而张松明确杨修的意图后,十分冷静,他始终在静中待动,终于等到了机会,一句反问的话,给予杨修致命的一击。"后发制人"这一招,足以显示张松高超的口才。

"后下手"不一定就失去了主动权,从某种程度上来讲还是一种优势。因为你可以在等待时机的过程中,根据对方的话语寻找他的破绽,及时、有针对性地调节自己的语言,以便在时机到来的时候一击即中,达到自己"后发制人"的目的。因此，领导一定要学会"后发制人"，以免在日常社交过程中，遇到咄咄逼人的人，使自己难堪。

营造氛围，调动对方的谈话热情

在良好的谈话气氛中交流，讲话者心情愉快，妙语连珠，听者也会积极配合，说、听双方都能实现交流沟通的目的；而在紧张或阴沉的气氛中谈话时，说、听双方都会有一种窒息感，自然就难以产生共鸣，更难有愉悦的感受。

因此，领导们在日常交际的过程中，为了使谈话能够更好地进行下去，为了使说、听双方都能够身心愉悦地沟通，就要学会营造良好的谈话氛围。心理学研究表明，在愉快的氛围中交谈，人们很容易产生求同或包容心理，常常愿意接受对方的观点，不常排斥对方的不同意见。所以，学会营造良好的氛围，在交谈中显得至关重要。

有一位姓赵的女教师，55岁那年接手了一个新的班级，这个班的学生学习成绩各方面都很优秀，就有一点令很多老师都头疼：不注重环境卫生。

一次上课之前，赵老师特意喷了一些香水。刚一进门，一股淡淡的幽香就飘进了教室。

前排的学生马上开始叽叽喳喳地说："赵老师都多大年纪了？还擦得香喷喷的！"

尽管说话声音很小，但是赵老师还是听见了，于是，她就接过话茬："老师我今年芳龄55了，你们别看我一脸的皱纹，我还挺爱美的！"

话一出口，女生乐了，男生也禁不住笑了。

赵老师于是趁热打铁，把话题从爱美之心对心理健康的作用，顺利地过渡到了环境之美对学习、生活及精神面貌作用上，说得学生点头称是。从那以后，教室、宿舍乱扔纸屑、果壳的现象少了，值日生比以前更重视卫生了。

俗话说，良好的开端是成功的一半。语言也是这样，愉快的开头是谈话得以深入的关键。赵老师开了个好头，很快便带领学生进入了情境，一下子拉近了师生间的距离，让学生感觉到老师不但可敬，而且可亲、可爱，从而增强了说服效果。赵老师的经验告诉我们：在谈话过程中，营造一种愉快而和谐的氛围，让谈话在活泼的气氛中进行，常常能够获得"话"半功倍的效果。

那么，领导在日常交谈时，如何营造良好、和谐的谈话气氛呢？

1. 适度的寒暄

如果交谈的对象较为陌生，那么，在交谈之初，可以通过适度的寒暄来缓解彼此因为不熟悉而造成的无话可说的尴尬局面。

比如，交谈之初，使用一些寒暄语作开头："最近的天气真热啊"或"最近在忙些什么呢"等，虽然这些寒暄语大部分都没有多大意义，但这些话却可打破因为初次见面而无话可谈的尴尬局面，还可借此营造良好的谈话氛围，使谈话可以更好地进行下去。

2. 表达方式多些口语化

口语来自生活常态，它自然、灵活、通俗、生动。而且，口语化不仅是一种表达方式的选择，更重要的是营造了一个自由、平等、开放的谈话空间。一般我们都很讨厌别人打官腔，一旦对方这样跟你说话，你就知道已经没有任何必要再谈下去了。口语化营造的亲切氛围，可以让心的距离更近，让双方更容易敞开心扉。

3. 善用幽默

不可否认的是，有很多场合需要庄重，但是长时间地保持庄重会让人产生紧张的情绪，不利于话题的顺利进行。真正的谈话高手，不但能用幽默的语言表达准确传达重要的内容，而且可以借此缓和紧张情绪、营造良好的氛围。

如何补救言语不当

在日常的社会交往中，任何人都难免有失言的时候。此时要做的就是随机应变、设法缓和并化解因为失言造成的尴尬和僵局。这就要求说话者调整思维，巧妙应答，用别出心裁的话语为自己或别人打圆场。这时，说话者不应再在原来的话题上停留，而应换一个角度，以新的话题和新的内容把原来的问题引开或转移，分散对方的注意力，这样才能让自己摆脱尴尬的

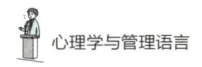

局面。

打圆场就是从善意的角度出发，用巧妙的言语去缓和气氛、调节人际关系。打圆场也要讲究技巧，聪明的人只用一两句话就能扭转情势，化解对方的不悦，从而取得良好的交流效果。

有一个刚刚学会理发的年轻人，开了一个剃头铺。尽管他的手艺没有多么精湛，但由于他很会说话，所以总是能令他的顾客感到满意。有一天，接连来了三位顾客。

他给第一位顾客理完头发之后，顾客说："理个头发只用20分钟，太不认真了。"年轻人笑着对顾客说："现在呢，人人视时间为生命，'顶上功夫'速战速决，我帮您赢得了时间，就等于延长了您的生命，您何乐而不为呢？"这位顾客满意地离开了。

他给第二位顾客理完头发之后，顾客说："头发留得太长了，手艺一般。"年轻人对顾客解释道："头发长使您显得很含蓄，这叫作藏而不露，非常符合您的身份。"顾客听完，高兴地离开了。

他给第三位顾客理完头发之后，顾客说："头发怎么剪得这么短。"年轻人面对顾客不紧不慢地说："短头发使您显得特别精神，还很朴实、厚道，令您看起来十分亲切。"顾客听后欣喜地出了门。

打圆场是一种说话的艺术。领导只有认真学习并掌握这门艺术，才能在特定的场合帮自己或他人有效地摆脱尴尬和困境，同时展示出机智过人的谈吐与无穷的个人魅力。那么，究竟应该如何打圆场呢？下面总结了几种方法，希望能对领导者有所帮助。

1. 善用幽默的语言圆场

幽默是化解尴尬的良方。幽默的语言能使人转怒为喜，开怀一笑。

2. 善用动听的语言圆场

用动听的话博得对方的欢心，是说话者用来给自己解围的第

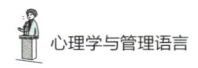

一要诀。每个人都喜欢听好听的话，案例中的年轻人正是利用了这一心理，在顾客抱怨的时候，有针对性地选择动听的话来讨客人的欢心。这样一来，自然就消除了顾客的不满，使顾客满意地离开。

3. 用辩证的观点圆场

任何事物都有两面性，有对就有错，有利就有弊。因此，辩证地看问题，引导别人换个角度看问题，是打圆场的另一个技巧。针对不同的情况，用巧妙的语言去解释，可以让对方从一个新的角度去看待原来的不满之处，并体会到其中的妙处，从而接受自己的观点。

遭遇冷场，管理者如何烘热气氛

冷场大多都是因为讲话者和听者之间彼此不太熟悉，存在性格、年龄、兴趣、职业、身份、心境等方面的差异。冷场一般分为两种情况：一种是在单向交流中出现，如演讲时，讲话者在台上充满激情，可是听者却注意力分散，毫无兴趣；另一种是在双向交流中，如聊天、谈判，听者对于讲话者说的话要么毫无反应，要么仅以"嗯""噢"这些词应付。冷场无论出现在何种场合，都是令人尴尬、窘迫的局面。

因此，对于一名领导来说，要想摆脱令人窘迫的局面，达到彼此交流的目的，就一定要学会打破交谈中的冷场，并吸引听众。一个善于打破冷场的人，不仅能够消除尴尬冷场的局面，还可以重新营造谈话的氛围，从而达到沟通交流的目的。

有一位记者去采访一位科学家。他来到了科学家的家中，由于科学家不是很喜欢媒体的采访，所以在记者短暂的开场白过后，场面眼看着就要沉寂下去。就在这个时候，这位记者看到了科学家客厅的墙壁上挂着几张缩小版的电影海报，于是灵机一动，就与科学家讨论起了这几张海报。

原来科学家是一个电影迷，每当他喜欢的导演或演员有新的电影上映时，他都会收集一些电影的海报。科学家得知这位记者也是一个电影"发烧友"，于是就跟记者愉快地聊起了有关电影的内容，如喜欢哪个导演、哪个演员等，科学家还拿出自己珍藏多年的电影海报给记者看，谈话气氛非常融洽。

当然，记者可没有忘记此行的目的，在聊天过程中，他适时地提出了自己的问题，科学家也都很耐心地作出了解答。

"冷场"是每个领导在与人交流或演讲过程中都不希望出现的情况，因为一旦出现冷场，会令交谈的双方都陷入尴尬中。因此，对于领导者而言，掌握一些打破冷场的方法尤为重要。

1. 变换话题

冷场的出现，往往跟话题有关。因此，在交谈过程中，遭遇冷场时，可以通过临时变换话题的方式来打破冷场，吸引听者的注意力。

比如，在谈话时可以穿插一些趣闻轶事，借此来吸引听众的注意力，这样就可以迅速地将冷却的谈话气氛重新活跃起来，听众的注意力也可以集中到讲话者说话的内容上面。

2. 找准兴趣

在谈话中，可以根据听者的年龄、职业等来判断他们感兴趣的话题，以此来吸引对方的注意力。

比如，如果听者是年轻的妈妈，你就可以多聊一些有关孩子的话题；如果听者是老人，则可以聊聊他们的经历；青年人的兴奋点则在于怎样才能让他们的能力得到最大的发挥，工作、爱好、生活都是他们感兴趣的话题。

3. 制造悬念

一个精心设计的悬念，不但能使讲话者的话题成为听者瞩目的重心，而且能活跃谈话过程中的气氛，激发听者聆听和参与的兴趣。

4. 故意制造争论的话题

在遇到冷场时，说话人可以故意制造一个明显错误的观点，引起对方的反对或争论，借此来活跃逐渐冷却的谈话气氛。故意抛出错误的观点，然后加上"请教"二字，就可以激发对方的优越感，引出对方滔滔不绝的话语。

5. 做个小游戏

这种方法的好处是可以增加听者的参与感，使听者放松。即使对方心中有些不情愿，但是看到当时的环境和氛围，肯定会参与进来。只要他参与进来，就不存在所谓的冷场了。

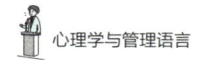

总之，在谈话的过程中，出现冷场并不可怕，只要领导们能够沉着冷静地面对，运用自己的智慧和各种打破冷场的方法，就能迅速摆脱尴尬的局面，挽回即将冷却的气氛。

第03章

掌握语言心理学：好领导说话要深入人心

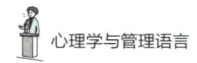

练就出色表达，先要培养良好修养

口才所指的不仅是口语的表达能力，更是一个人综合能力和综合素质的集中体现。一个人要有好口才，首先就要有深厚的知识储备和对事物的独到见解，这样在说话的时候才能做到旁征博引、言之有物和有理有据；其次还必须具备辩证的科学思维能力，因为只有这样说话的时候才能对全局进行分析、准确地作出判断，合乎逻辑地推理；最后就是要具备敏锐的观察力，这样才能深刻地认识事物、准确地分析事物。当然，要有好口才，还应该学习一些良好的语言表达技巧，只有这样，在说话的时候才能使语言条理清晰，如果再多一点风趣幽默就更好了。所以说，口才不仅是衡量一个人综合知识是否深厚的重要尺度，更是衡量一个人综合素质高低的标杆。

俗话说，"言为心声"，这句话表明一个人说的话，一定程度上代表着他的思想道德水准。所以说，无论一个人从事的是何种工作，具有完美道德的人总是令人尊崇的。

因此，领导们要想拥有让别人羡慕的好口才，在学习语言技巧的同时，还应该全面提高自己的学识修养和道德品质。一个人拥有了以上两点，才能把话说得精彩，吸引更多的听众。

因此，身为一名领导要时刻谨记：只有具备高尚的品格，言行一致，以身作则，才能有强大的人格魅力，才能得到下属发自内心的拥护，而不是表面上的恭维逢迎。领导者必须通过自己的道德品质来吸引周围的人，下属只有对领导者的能力表示钦佩后，才可能服从，但是更多的时候，下属会被领导者的道德品质所感动，从而更坚定地服从和信赖他。

俗话说："近朱者赤，近墨者黑。"品德、修养差的人带给别人的也只能是负面的印象，这种人常常会受到人们的排斥。试想一下，一个道德品质低下但偏偏手握大权的领导，又怎能实施有效的管理呢？由于道德品质低下，他们经常言辞不当，他们的所作所为时常被众人指责，这样的领导又如何能够让人信服？他们的话语又怎么能让人信服？

领导者要想提高口才，首先要培养自己的思想美、心灵美、行为美，使自己具有高尚的情操，并且学会使用正确的方法、立场去分析问题、解决问题。只有这样，才能用美好的语言去感染听众、说服听众，更好地表达自己的观点。

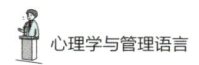

知识底蕴深厚，才能言之有物

一些领导经常会抱怨自己的口才不好，跟上级或者下属相处的时候总是无话可说，或者是说出来的话总是那么几句，很难赢得大家的认可和尊敬。但是在这里要告诉这些领导的是，没什么是天生的，包括口才。想拥有好的口才，并不是说只要胆子大、敢说就可以了。最重要的是要有足够的知识作为底蕴。

张铭和李亮同在一家外贸公司工作，职位都是主管，只不过任职的部门不一样。由于公司业务的关系，二人要时常进行合作。张亮是一个很爱看书学习的人，平时喜欢阅读各种各样的书籍，除了一些跟公司业务有关的书籍外，还涉猎各种知识。不同领域的书籍极大地开阔了他的视野，也让他了解了各方面的知识。所以，他说出来的话头头是道，很让人信服。

李亮跟张铭的个性完全不同，喜动不喜静。李亮认为张铭研究这些学问没什么用处，纯粹是浪费时间，他认为，要想口才好，只要掌握一些说话的技巧就行了。

有一天，两个人因为业务的问题产生了不小的分歧，于是在办公室里展开了一场讨论。

张铭因为平时看书多，积累了大量的知识，属于肚子里有"货"的人，所以说出来的话很有说服力，而李亮只是逞一时的口舌之能，反反复复就是那么几句话，只能作一些狡辩，很快就败下阵来。

李亮输给张铭不是因为他不懂说话的技巧，而是自己的知识积累不够。"书到用时方恨少"，这句话很确切地形容了李亮尴尬的境地。

对于领导者来说，说话空洞乏味是必须要避免的。而要做到言之有物，除了要丰富自己的内涵，提高自己的学识修养之外，最重要的就是要储备深厚的知识。知识面越广越好，天文地理，历史经济，什么都要学习。除此之外，还要能够正确地

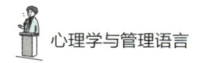

使用语言，使自己的语言优美动听。一个胸无点墨的人，在谈话中一定是无法做到应对自如、侃侃而谈的。"工欲善其事，必先利其器"，正是这个道理。

如果知识面不够宽广，哪怕口才再好、技巧掌握得再多，也是无法说服别人的，说出来的话依然会空洞乏味。准确、缜密的语言，头头是道的表达，能够说服人；清新、优美的语言，饱含激情的表达，能够打动人；幽默、机智的语言，妙趣横生的表达，能够感染人。而这些都来源于头脑中广博的知识。那种不学无术的油腔滑调算不上好口才，那种不着边际的、没有什么实际意义的夸夸其谈也不是好口才。只有那种以丰富的知识为坚强后盾，能够给人以力量、愉悦之感的谈话，才是真正的好口才。

因此，领导者们要想在说话的时候吸引听众，要想在别人面前展示自己语言的魅力，要想说出来的话言之有物，就要不断地充实自己，加强自己各方面知识的积累。一个知识渊博、学富五车的人，必定能够使自己说出来的话更具感染力、吸引力。

心理素质好，才能轻松表达

领导者作为一个部门或者一个团队的管理者，经常要对下属讲话，如分配任务、鼓舞士气等。有一些领导经常会有这样的感受：自己平日里讲起话来有如决堤之江，滔滔不绝，可一到正规场合就紧张、支支吾吾说不出话来。情况稍微好些的领导，也只是勉强开口，但是讲话时却汗如雨下，生怕自己哪里出错误，越是紧张、害怕，结果越是糟糕。这些领导都会为自己笨拙的口才感到遗憾和烦恼。

其实，这些领导并不是不会说话，他们只是害怕当众说话，或者说是不习惯当众说话。要克服这样的一种消极心理，就需要拿出足够的信心、勇气和胆量，不要因为别人的取笑而感到恐惧或胆怯。

杨鹏今年40岁，是某婚庆公司的首席金牌司仪，同时也是这家公司的总经理。在公司里，经常会有年轻的司仪请教他是如何成为金牌司仪的。

其实，杨鹏在口才方面并没有什么过人的天赋，跟普通人没有两样。他直到现在都还记得自己主持第一场婚礼时尴尬的

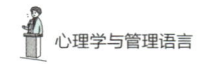

样子。

　　当时为了准备自己的第一场婚礼主持，他连续几天写稿、背诵、对着镜子反复练习，生怕出现任何差错，当众出丑。但是，在婚礼的当天，他担心的事情还是发生了。他很紧张，而且很怕自己表现不好，他越怕就越紧张，脑海里一片空白，现场氛围尴尬极了。幸好当时公司怕他临场出错，来的时候派了一个老牌司仪同行，最后由这位司仪出面才缓和了当时尴尬的局面。

　　杨鹏回到公司以后，认真总结了自己失败的原因，发现这一切主要是由于自己心理素质很差，过于紧张和胆怯。从此以后，他开始有意识地锻炼自己，但与别人不同的是，他不是单纯地锻炼主持技能，而是重点锻炼自己的心理素质。

在锻炼的期间，杨鹏遭受了别人的取笑，但他还是坚持了下来，最后终于克服了自己的紧张和胆怯心理。他不再害怕失败，不怕出丑，不论在什么场合，他都敢于当众说出自己要说的话。于是，他很快变成了一位非常出色的司仪。

一个真正会说话的人无论在什么时候，无论面对多少人，无论遇到什么突发状况，都能够做到自信、自控和镇定自若。当然，这些良好的心理素质不是先天具备的，而是通过后天的不断训练才得以形成的。像杨鹏这样，能够从最初"初出茅庐"还需要人陪同的小司仪，蜕变为如今的金牌司仪，就是不断锻炼自己心理素质的结果。

很多领导不仅拥有深厚的知识储备，还有着丰富而有趣的思想，但是在面对众人的时候为什么还是会感到障碍重重，不敢开口说话呢？原因很简单，他们缺乏胆量，害怕自己所讲的东西对听众毫无价值，或者方式不适合当时的场合。

那么，如何克服这种说话时的胆怯心理，改善自己的心理素质，变成说话高手呢？

1. 在心理上要放松

讲话不仅是一种"嘴上运动"，更与人的心理活动密切相关。一个人的心理活动常常影响着一个人说话水平的发挥。当

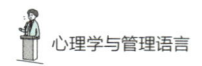

处于不同的环境，面对不同的人讲话时，心理常常会出现不同的变化。心理的紧张现象常常是因为把后果想得过于严重，必须让心理感受重新归位。要达到这一要求，就需要采用心理暗示的方式，对听众作客观、正确的认识，对自己作准确、客观的评估，这样就能保持清醒，树立信心。

2. 从生理方面进行调节

生理与心理是互动互制的，生理的调节也会对心理产生影响。当讲话者产生紧张心理时，一些动作往往能取得良好的缓解效果，比如，通过深呼吸、搓手、舒展四肢、走动等方式，都可以使紧张的心理得以缓解消除。

3. 降低自己的表现欲望

有时讲话产生紧张心理，并不是缺乏自信，而是由于表现欲望太过强烈。有很多人讲话之前就有这样的想法：不开口则已，开口就要惊人。当观察到听众对他所讲的话没有兴趣、不认真听的时候，内心就产生了失落感、挫折感，情绪上就会一落千丈。因此，要想培养朴实、自然的说话风格，只须把自己的意思完整地表达出来即可，不要给自己太大的压力。只要心态平稳，紧张自然会消除。

培养洞察力，说话才能更为独到

在企业里，领导者需要拥有洞察力，这不仅是管理的需要，也是拥有好口才的一个基本要素。

曾经有一位侦探小说家，不仅说话尖锐而且幽默，发表见解时往往也一针见血。对此很多人都认为他的这种能力是天生的，后来才发现，他之所以能够说话一针见血，主要原因是他有超强的洞察力，总是能看到很多人看不到或者预想不到的东西。

一天，他和一个朋友在一条大道上散步，突然小说家吹起了俏皮的口哨，并发出惊叹的声音："我的天啊，那位女士一定长得非常漂亮！"

"女士？"他的朋友很不解地问道，"你没有搞错吧？哪有什么女士，在我们眼前的是几位男士呀。"事实也正是如此，朝他们迎面走来的只是几个年轻的男士，并没有什么女士。

"不，朋友，我说的不是他们，而是我后面的那一个。"小说家很得意地回答。他的朋友一回头，果然看见他们身后不远处有一个衣着得体、神采奕奕的漂亮女士，这让他的朋友很不解，于是问道："你没有回头，怎么会知道你后面有什么人？"

小说家回答说："我虽然看不到她，但是我却看到了对面那些男人的眼神。"

小说家不用回头看就能够知道后面有什么东西，其实这就是一种洞察力。一个人一旦拥有了洞察力，他对问题的分析就会比别人更加透彻，见解更加独到而深刻，而这正是领导口才艺术中不可或缺的因素。生活中那些以语言揭露事物本质，机智敏锐的语言大师们，都是拥有敏锐洞察力的人。

作为一名领导，要想培养自己的洞察力，就应该做到以下几点：

1. 仔细观察，认真倾听

身为领导，在日常工作和沟通中，一定要注意观察身边的事物，善于发现事物的特点、细节和本质。观察要全方位、多角度、多侧面，不能只看到一部分，犯"盲人摸象"的错误，也不能只看到事物的表面。只有认真观察，才能在谈论的时候抓住别人没有注意的细节，使自己的言论有独到之处。否则，观察不细致，或者比较片面，说出的话不但不会得到别人的认可，反而会招致别人的反感。另外要注意的是，领导者在和下属交流时，要学会倾听，不要急于插话，仔细聆听隐藏在下属语言里的心理和愿望，善于发现问题。

2. 时刻保持头脑清醒

身为领导，不管遇到什么事情，都要保持头脑清醒，在全面了解事物的基础上再作出分析和判断，经过不同事物的比较分析，分清各个事物之间的区别和联系，只有这样才能使话题的切入角度更加独特，语言表达更加准确、深刻，说出的话方可一针见血。

3. 学会不断总结

任何事物都有一定的内在规律，即使表面上大相径庭，内在也有一些共通之处。在日常工作中，要善于对各个事物的共同点进行比较和总结，从而得出具有概括意义的结论。而在言谈中运用这些结论，则能使你的语言一针见血，直接揭露事物的本质。

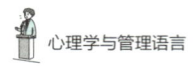

控制情绪，语言更有说服力

情绪是人的心理活动过程中所产生的情感体验，换句话说就是，情绪是内心的影子。只要不是人们刻意地去控制，那么，有什么样的心境和心态，便会有什么样的情绪。科学研究表明，积极向上的、良好的情绪能够激发人们无限的潜能去完成任务；而消极低迷的情绪则会使人们的思维滞后，影响人们的行为。

生活中，或许每个人都有过类似的体会：在情绪好、心情放松的时候，就会思路开阔，思维敏捷，学习和工作效率高。而在情绪低沉、抑郁的时候，则会思路阻塞、操作迟缓，学习和工作效率低。也就是说，情绪会左右人的认知和行为。

赵杰是个直肠子的人，说话、办事很容易冲动。小时候上学时，赵杰就总是因为一些芝麻绿豆大的事情与同学打架，是一个让老师和家长很是头疼的孩子。

不过，尽管赵杰脾气大、易暴躁，可是他的学习成绩一直很不错。大学毕业之后，他顺利地进入了一家公司担任销售部经理。赵杰刚进公司的时候，这家公司刚创立不久，由于赵杰胆量很大，敢想敢干，在公司的创业期间为公司立下了汗马功劳。

可是，令人遗憾的是，赵杰的情绪还是跟以前一样，仍然不受控制，经常会因为手下的员工犯错误而大发脾气。但是由于赵杰的业绩确实突出，再加上是为公司立下大功的人，所以连老板都让着赵杰，别的同事更不用说了。

虽说公司的员工都怕他，可是公司的新客户却不知道赵杰的脾气——就算知道了也不会吃他那一套。因此，赵杰这种易冲动、暴躁的脾气气走了公司几个大客户。

最后，老板觉得长此下去对公司发展不利，就建议他注意控制一下自己的情绪，同时还给他买了很多如何控制情绪的书籍，并且给他介绍了情绪管理方面的专家。

赵杰出于好奇，就去向专家咨询。可是，当他老毛病又犯的时候，却依然不从自身找原因，而认为是专家的建议没有用。在反复沟通后，专家见他还是一味地坚持自己的意见，也很是无奈。

很快，赵杰在一次商务谈判的过程中，由于没能控制住自己的情绪，导致本来能签的合同，最后因对方大怒而化为泡影。而老板这个时候实在是忍无可忍了，就以这次谈判失误为由辞退了赵杰。

卡耐基说过："学会控制情绪是我们成功和快乐的秘诀。"没有任何东西比我们的情绪，也就是我们心里的感受更能影响我们的生活。因此，学会控制自己的情绪是很重要的一件事情。同样的道理，一个领导者只有善于控制自己的脾气，才能营造良好的谈话氛围，这也是评价领导是否优秀的标准之一。

一个真正优秀、拥有高情商的领导，是能够把握自己情绪的人，他们不会担心自己失控的情绪影响生活。因为他们懂得如何驾驭、协调和管理自己的情绪，让情绪为自己服务，而不是做情绪的奴隶。

而善于掌控自己情绪的领导，大多善于营造和谐的谈话气氛，并且能轻而易举地去感染或影响听众的情绪，使听众融入谈话的氛围。只有这样，他们在交往或沟通时才会一帆风顺。而不会把握自己情绪的领导，尽管他们有着很高的智商，工作的时候有着很高的效率，但有时也会引起其他人的不满。

高情商的领导者是自省能力强的人，是非常善于把握自己情绪的人。他们最擅长将自己的情绪调节到一个最佳位置，并能用流利的语言表达。当他们与人交往时，也更能与人沟通。因此，领导无论是在谈话、演讲还是论辩的时候，都要善于把握自己的情绪，这样才能表达出自己的情感，才能令人信服，才能更好地展现自己好口才的魅力。

胸无点墨，滔滔不绝也无用

领导在说话、演讲或论辩时，每次都需要通过记忆把演讲、论辩所需要的内容储存在大脑中。如果记忆力不强，就记不住东西。到了台上，大脑里一片空白。再加上紧张，就会忘东忘西，甚至会无法开口。这样一来，就很容易在众人面前丢面子。由此可见，良好的记忆力对领导者是多么重要。

众所周知，口才不是天生的，一个人不管多么笨嘴拙舌，都可以通过后天的锻炼成为一名说话高手。同样，记忆力也不是天生的，良好的记忆力也可以通过后天的锻炼形成。

古今中外，很多人都注意通过不同的方法来锻炼自己的记忆力。

著名的数学家华罗庚，不仅具有非凡的数学才华，还有着很好的口才。华罗庚从小就注意锻炼自己的口才，他通过"背诵"的方法来提高自己的记忆力，以此增加自己的知识储备，从而达到提升口才的目的。

俄国大文豪托尔斯泰通过"做操"来锻炼自己的记忆力。他说过这样一番话："我每天都会做两种操：一是早操，二是记忆力操，每天早上都会背书和外语单词，以检查和提高自己的记忆力。"

对于领导者来说，训练、提升自己的记忆力是需要下一番工夫的。只有通过训练达到"过目不忘"，才能做到"出口成章"。训练记忆力的方法有很多，下面列举了几种方法，希望能对提高自己的记忆力有所帮助。

1. 积极的心理暗示法

领导在讲话、演讲或辩论面前，面对大量需要记忆的内容，要鼓励自己，给自己打气："我能行，我肯定能记住的。"这是一种积极的心理暗示。不要动不动就给自己的记忆力提前设置障碍，轻言放弃。这样只会让你的记忆力越来越糟糕，下降得比以前更快。

2. 限时记忆法

使用这一方法训练，就需领导们要给自己规定一段时间，让自己在这段时间内记住一些东西。在规定的时间内记忆数字、地名、时间等，可以锻炼自己的强记能力。

比如，领导们可以在口袋里装上几张公司客户的名片，利用上下班时间记忆名片上的地址、电话或者邮箱等。这种方法有一个好处，就是随时随地都能用，方便、快捷。

3. 读、背结合记忆法

"背诵"是一种训练记忆力的有效方法。"诵"是对表达能力的一种训练。这里的"诵"也是我们常说的"朗诵"，它要求在准确把握文章内容的基础上进行声情并茂的表达。"背诵法"就是由熟读到背诵的训练方式。背诵是一件很容易看到成果的事情，背诵的次数越多，记忆的效果就会越好。

4. 重点记忆法

无论是材料还是学习内容，都有重点内容和一般内容之分。在记忆的时候只需牢牢记住这些重点内容。

这一方法的好处是，不仅可以减少记忆的内容，而且可以提高记忆的效率。

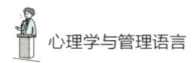

5. 高强度记忆法

在短时间内，要想让自己记住大量的内容，就要施加巨大的努力。在巨大的压力下，大脑的兴奋程度是平常的几倍，因此能记住大量信息。

比如，你要为一个演讲作准备，就可以在演讲临近的几天对相关的资料进行整理和阅读，这样做有加深记忆的好处，在演讲时自然能熟练地运用这些资料。

训练记忆力的方法有很多种，在这里只列举了几种常用的训练记忆力的方法。我们可以根据自身的情况有选择地进行训练。除此之外，还可以寻找一些适合自身情况的提升记忆力的方法。

声音婉转动听，能为语言加分

在生活中，一个人说话别人到底愿不愿意听，跟他的声音也有巨大的关系。

艾文是一家广告公司的资深业务经理，她最关心客户的销售问题，总是乐于帮助他人解决难题。但她的声音却特点突出，就像一个小孩子。她的老板私下里说："我其实挺欣赏艾文的能力，也早就想提拔她，但是一听到她的声音充满了孩子气，我就很担心她会不会给客户留下不好的印象，因为她的声音让人感觉她说的话缺乏可信度。我就不得不找一个声音优美动听且听起来成熟果断的人来代替她。"

很多人有过这样的经验，当你打电话向某公司咨询一些事情时，如果接线员的声音美妙动听，你的情绪也许会一下子轻松愉快起来，很愿意继续交谈；可是，如果接线员的声音听起来沙哑且平淡，不但你的情绪会受到影响，而且对这个公司的评价也会大打折扣。这就说明一个问题，人人都喜欢听优美、动听的声音。在生活中，人人都喜欢听那些吐字清晰、字正腔圆的讲话，而不喜欢听发音不准、含糊不清的讲话；喜欢听那些饱满圆润、悦耳动听的声音，而不喜欢听干瘪无力、嘶哑干涩的声音。

因此，对于领导者来说，你的声音是否动听，能否吸引谈话的对象，在日常管理或者商务交往中至关重要。只有声音给人留下良好的印象，别人才能更好地了解你，才能决定是否喜欢你。

然而，并不是所有的人天生就有好嗓音。有好嗓音的人固然很幸运，没有的也不要气馁。即使没有天生的好嗓音，通过后天不懈的努力以及掌握一些发声技巧，也能使你的声音变得更加动听。

以下总结的是一些关于锻炼声音的技巧，掌握这些技巧，会使你的声音更加悦耳动听。

1. 注重发音

人们说的每一个词语、每一句话都是由一个个最基本的语音组成的，然后加上适当的重音和语调。准确而恰当的发音，将有助于你准确地表达自己的思想，使你的话更易被别人接受，更能提高你的言辞智商。在说话的时候，只有准确、清晰地发出每一个音节，才能清楚地表达自己的观点。

2. 不要声音过大

领导在说话时，要善于控制自己的音量。其实，语言的威慑力和影响力与声音的大小毫无关系。领导者不要以为大喊大叫就一定能够说服他人。声音过大只会让他人不愿听你讲话，进而讨厌你说话的声音。

3. 不要用鼻音说话

如果你总是在说话中带着鼻音，会让人感觉你似乎在抱怨，毫无朝气，很消极，没有人愿意听一个领导这样说话。作为一个领导，如果你想让自己说的话更具说服力和吸引力，希望自己的语言更加有魅力，那么，从现在起就要尽量控制自己的鼻音。

领导者在日常与人的交际活动中，其思想和观点，大多都是以声音作为媒介表现出来的。所以，对于领导者而言，让自己的声音变得动听，是提升语言魅力的重要因素之一。

第 04 章

掌控提问技巧：善于沟通打开他人心扉

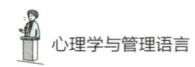

放下架子，与下属平等对话

如何与下属进行有效的沟通，已成为现代企业领导必须考虑的问题。很多事实证明，领导要想带领企业发展，就应集思广益，与员工进行有效的沟通。只有领导和员工拧成一股绳，企业才能发展得更好。

沟通是一个双向交流的过程。在一个公司里，管理者可以不同意下属们的建议，但是不能剥夺他们说话、表达意见的权利，这是最起码的原则，也是沟通的基础。然而，很多领导做不到这一点，他们只热衷于发表自己的观点，很少或压根就不给下属说话的机会，这样自然就达不到沟通的目的。

老王再过三个月就要退休了，这一天他来找处长商量一些事情。可处长不在，秘书就安排老王在办公室等一会儿。没有想到的是，处长办公室办公桌的玻璃突然碎了，恰巧这时处长走了进来。见此情形，处长不问情由地就把老王训斥了一顿，说他不爱护公共财产，丝毫没有给老王解释的机会。老王后来想了想，算了，认倒霉吧。于是，就把自己办公桌的玻璃换给了处长，把坏的粘好自己继续使用。

又隔了几天，处长检查卫生时，看到老王桌上的烂玻璃，又批了老王一顿，说他故意破坏公物。老王气得浑身发抖，但是处长仍不给他解释的机会。

第二天，老王自掏腰包上街买了一块新的玻璃，把自己桌上的那块烂玻璃换了下来，但是老王舍不得扔掉那块破了的玻璃，于是，下班后就准备把那块玻璃提回家。刚走到单位门口，处长的车迎面开了过来。处长看到手上拎着玻璃的老王，立即跳下车，怒气冲冲，指着玻璃把老王狠狠骂了一顿，根本不容老王说一句话。处长的训斥从行为到思想，还上升到政治的高度，最后说："老王，你明天不用来上班了，在家写检查。什么时候有了深刻的认识，什么时候再回来上班。"

这时正值下班的高峰期，很多员工和路上的行人都过来围观。老王一辈子本本分分，在单位工作了将近40年，何时拿过单位的一针一线？此时哪受得了这气，再加上老王的年龄稍大，一激动，心脏病就犯了，立刻被周围的同事送进了医院。

后来，单位的一些领导去医院看望他，老王只是颤颤巍巍地拿笔在纸上写了一句话："给我说话的机会。"

从这个故事里不难看出，之所以出现这样的结果，主要是因为处长与老王缺乏有效的沟通。不是老王不去沟通，而是处长不给他解释的机会，这也是老王最后写下那句话的原因。

对于企业来讲，员工的创造力和知识已经成为企业最重要的财富，是企业立足市场的根本。特别是对于那些有着自己独特的个性和思维方式的知识性员工，他们的思维、创意是企业竞争力的来源。企业要想有更好的发展，就要重视这些员工，发掘和吸取他们的思维和创意，但是，这一切都要建立在良好沟通的基础上。如果领导连说话的机会都不给员工，那么这种沟通更是无从谈起。

企业里的很多员工，他们的生存需要已经得到了满足，更加注重的是自己的能力能否得到肯定和尊重，自己的人生价值能否很好地实现。所以说，领导们只有接近他们，关心他们的需要，肯定他们的价值，才能和员工建立起和谐的关系，也才能够使企业内部安定团结，更能使企业得到长足的发展。

如何打开内向下属的心扉

日常生活中，爱说话的人很多。但是也有一部分人，由于性格内向或其他一些原因，很少开口说话。那么，遇到这种类型的人，采取何种方式才能引导他们跟你互动交流呢？

王鹏有一次坐火车去长沙出差。他在火车上觉得很无聊，就想找个人聊聊天，借此来打发时间。他看到坐在旁边的一位看上去很有趣的乘客，于是，就走上前搭讪：

"打扰一下，你有指甲刀吗？"

可对方一句话也不说，只是从挎包里拿出一串钥匙，卸下指甲刀递给了他。王鹏接过指甲刀，说了声"谢谢"，就假装剪指甲，心里想：看着挺有趣的一个人，居然一言不发。

于是，王鹏继续说："这么长的一段路程，真是无聊啊。你觉得呢？"

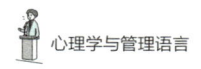

对方说:"嗯,有。"他附和着,但还是不愿多说一句话。

"不过,看外面的天气倒是蛮好的,阳光这么充足,此时要是能照顾照顾我家阳台上那些花花草草,那真的很爽啊!"王鹏接着说。

那位坐在旁边的旅客坐直了身体,眼光从他手中的书上移向了王鹏。

"你也养花?你家里养了什么花?"他问。

"我家养了很多花。"王鹏笑着回答,"我特别喜欢照顾植物,最喜欢的是吊兰。"

"真的?你家也养了吊兰啊,真是巧了,我家也有一盆长得非常茂盛的吊兰!在搬新家的时候听朋友说植物能净化空气,我就多买了几盆放在家里,没想到养着养着感情就深了。"那位旅客激动地说。

"我也是,自从养了植物之后,家中就充满了生机,等到花朵盛开的时候,心情就会格外地舒畅呢!"

"是啊,不过,养植物还是很费心思的,阳光、温度、水分缺一不可,如果照顾不当就会出现问题。最开始我还是费了不少功夫呢,花了很长时间才摸到门路。"

那位旅客十分同意王鹏的观点,不住地点着头,一路上二人聊得都很投机。

　　这位刚才还沉闷着的旅客，经过王鹏一番刺激，终于被激起了聊天的兴致，王鹏心里乐开了花：有这样一个"聊友"，漫漫旅途不会寂寞了啊！

　　王鹏的这段经历告诉人们，并不是所有的人都是善谈的，生活中有很多沉默寡言的人。这些沉默寡言的人并不是没有谈话的欲望，可能只是因为害羞或是不知从何说起而已。王鹏告诉我们，遇到这种人，只要不断地找话题，不停地启发他们，很可能就会开启一段愉快的聊天。

　　很显然，领导们的下属不可能全是能说会道的人，也常常会有这种内向的员工。那么，在日常交往中，领导们要想了解这些人的想法或心思，究竟应该采取何种方式激发或鼓励他们

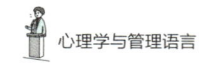

说话呢？

1. 直接提问题

面对少言寡语的下属，要明白他们的状态：他们一向惜字如金，经常只会回答"是""不是"这样的话。因此，领导不能排斥他们的这个特点，而是应该加以利用。在跟这类人交谈时，应该精炼问题，直截了当地提出只需要一两句话就直击要害的问题。

2. 多说赞赏的话

领导们在和不爱说话的下属交流时，可以多说一些赞赏的话，让他们明白，即使他们不爱说话，自己仍然很欣赏他，并感谢他对公司作出的贡献。赞赏之后，再让他们表达对某一件事情的看法或观点。

世界上没有哪一个人不喜欢被夸奖，即使不爱说话的人也不例外。他们听了你的赞美之词，同样会心花怒放，主动开口说话。

3. 及时反馈

要想让已开口说话的下属继续讲话，就应该适时做出回应，让他们有信心继续讲下去。比如，你可以对他们说"你说的东西很重要""你说的细节非常好"。这些都是一些积极的回应，领导们可以根据具体情况作具体分析。

另外，领导还应该使用一些下属看得见的身体动作来给讲话者积极的反馈。比如，同意时点点头，赞许时微笑一下等。

4. 别打断，更别插嘴

如果你已经让你内向的下属开了口，还想让他们继续说下去的话，这时你就要把时间留给对方，中途不要随便插话，更不要打断他们的发言。因为，如果你中途插嘴，陈述自己的观点，就会使他们有借口停止说话。即使你有更好的见解要表达，也要等他们说完。

避免一言堂，多倾听下属说话

很多领导在与人交谈的时候，总有这样的事情发生：他们顾不上听别人说些什么，就匆匆忙忙地打断别人的谈话；或者即便在听别人说话，也是心不在焉，或者自己滔滔不绝，自说自话。

领导"只说不听"的交谈方式是被很多人所讨厌的。如果领导用这样的方式跟下属交谈，结果会很明显，下属要么从头到尾保持沉默，要么就是为了照顾领导的面子，用"嗯""哦"的话敷衍，而且心里极度反感。所以，领导在说话的同时，还要注意听，一定要注意思考对方的观点。

李倩是某公司的总经理秘书，有一天，她接到通知，说总公司领导第二天要到他们公司进行巡查。由于当时总经理不在，李倩便准备自己拟定一套接待方案，等总经理回来再向他汇报。等总经理回来后，李倩就拿着准备好的接待方案向他汇报。在汇报的过程中，总经理什么也没有说，只是不停地点头。李倩心想：总经理点头就表示同意了这套方案。于是，她走出办公室后，就把自己的这套方案交给了相关部门，让他们照着去执行。

可是，等总公司巡查组的人员走了以后，总经理对这套接待方案非常不满，不但严厉批评了李倩，还警告她下次不要再自作主张。后来，经过李倩的解释，总经理还是没有想起来。原来，在李倩向他汇报这个方案的时候，他根本就没有听，而是自顾自地在想其他事情。

还有一次，李倩去向总经理汇报公司这个季度的销售情况。她在汇报的时候，还特意对总经理说，销售部门综合了一下意见，大家一致觉得公司在下一季度甚至下下季度应该在开辟市场上多下功夫，否则很有可能被竞争对手挤出市场。李倩说完之后，却发现总经理没有任何反应，跟上次不同，上次最起码还不停地点头。总经理看似在认真地听李倩汇报，其实心里想的却是如何降低公司运营的成本，如何减少公司的日常支出。李倩很失望，就再也不提这件事情了。而总经理没有认真听李倩的汇报，看她走出办公室，估计也没什么重要事情了，就没有叫住李倩。

时间又过半年，由于公司在这半年内没有开拓市场，公司的产品隐隐有被挤出市场的趋势，总经理赶紧询问了具体情况，但为时已晚。

从上面这则故事中可以看出，倾听对于领导来说是多么重要。

"会听"能给伶牙俐齿的领导带来很多的好处。比如，在

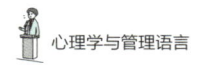

跟下属交流沟通的过程中,"会听"能给下属留下沉稳含蓄的好印象;"会听"还可以给自己带来好人缘,因为下属在交流沟通时,感觉到了领导对他的尊重。久而久之,自然就会在你需要的时候站出来拥护你;"会听"更可以及时了解"民意",有助于更好地管理企业。

既然"听"是如此重要,还能给领导带来如此多的好处,那么,究竟怎样才能成为一个"听话"的高手呢?

1. 不要让个人的喜好影响倾听

有时候,领导会因为不太喜欢讲话者的态度,或者讨厌讲话者的表达方式就不去仔细倾听,这些个人的好恶会阻碍领导听别人讲话。但是,作为一名领导,你更需要去注意话中的内容,而不是先入为主地加以评判。

2. 听话时要全神贯注

别人讲话时,切忌在脑袋里想其他事情,要把注意力放在讲话者身上,用眼睛注视着讲话者,而不是东张西望。

3. 有响应地倾听

听话时要给说话人及时的反馈,如微笑、点头等一些身体动作,这样能很好地鼓励对方说下去。

4. 别轻易打断别人讲话

打断别人讲话是一种很不礼貌的行为。因此,在别人讲话时，即使你不同意他说的某个观点，也要等对方把话说完之后再进行反驳。

用心倾听，尊重下属意见

作为一名优秀的领导者，在跟下属交谈时，除了要具备绝佳的口才外，还要学会如何倾听。因为，只有你专注地倾听下属讲话，才能提高你在他们心中的地位，才能让他们在你说话的时候更好地接受你的想法和要求。

倾听不同于简简单单的"听见"。听见仅是用耳朵去听，而倾听是用心在听。倾听能使下属感受到领导对于他们的尊重。

一家经营日化品的公司有这样一位奇怪的销售总监。之所以说他奇怪，是因为虽然他对该行业的特点以及销售上的技巧一窍不通，但是他却得到了下属们高度的尊重，并且在公司里被认为是最好的领导。

虽然每当下属的经理或业务代表需要他的建议或忠告时，他都不能给予他们帮助——因为他对销售一窍不通。但尽管如此，这位销售总监每次都能以足够的耐心去倾听下属或业务代表们的讲话，并且无论对方提出什么建议，他总是适时地反问："你觉得该怎么办？"这个时候，经理们或者业务代表就会提出自己的意见，他就会很认真地倾听，并且点头同意。最后，经理们或是业务代表们总是满意地离去，并且还会在心里想：总监还真是有一套！

善于倾听的领导能够及时并准确地了解自己的下属，并且可以通过这种了解解决矛盾和冲突，还可以舒解下属们的怨言。通过倾听，领导还可以向他人学习知识和方法，进一步帮助自己了解更准确、更详细的信息，何乐而不为呢？

领导们需要了解影响倾听的因素有哪些，只有了解这些因素，才能想办法避免。否则，将无从谈起。

一般情况下，影响倾听的因素有如下几点：

1. 环境干扰

比如，办公室里此起彼伏的电话铃声、打印机的响声等来自外部环境的声音，都可能影响倾听的效果。

2. 对下属有反感

有的领导会先入为主，反感讲话的下属。如果一个领导很不喜欢正在讲话的下属，甚至很排斥这样的人，那么，在对方说话的过程中，就很难聚精会神地倾听。

3. 思想不集中

有些领导在下属说话的时候，总喜欢看看墙上的装饰，或是时不时地看看天花板，甚至有些领导表面上在听下属们讲话，心里却在想着下午的会议该怎么开。领导们这些东张西望的"小动作"和心里的"杂念"都会导致领导无法专注地听下属讲话。

4. 受主观影响严重

下属在讲话的时候，有些领导总是主观上想各种办法挑对方的不是，或者想着办法去反驳下属，总认为下属的发言不正确。比如，秘书向领导汇报各部门报上来的策划方案时，领导却总是想着该如何去反驳秘书。这种主观的思想就会影响倾听的效果。

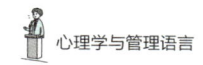

为了实现与下属的良好沟通，领导在倾听下属讲话的时候，要克服上述干扰因素，提高倾听的效果。同时，领导在倾听下属讲话时还应该掌握一些技巧：

1. 不应距离下属过远

在倾听下属讲话时，如果与对方保持过远的距离，或者俯视下属，都会让下属有被疏远或被压迫的感觉，这样一来，下属会很难敞开心扉与你说话。

你可以调整一下自己的肢体来表明你正在耐心地听他讲话，比如，稍微靠近下属或是身体前倾。

2. 使用肯定的语气认同对方的讲话

下属在讲话时，应该尽量多使用一些"是的""没错""明白""有意思"之类的带有明显肯定语气的短句，来肯定对方说话的内容。另外，还可以说一些"我想听听你的看法"或"我对你说的很感兴趣"等带有鼓励含义的话，借此来鼓励下属说更多的内容。

3. 不要轻易发表意见

这也是最重要的一条。在下属没有讲完话之前，不要轻易发表自己的意见，因为如果你在没有真正了解下属讲话内容时就匆匆下结论，就会打击下属说话的情绪，下属的谈话可能会因此终止，最终影响沟通的效果。

交谈循序渐进更得人心

在领导与下属谈话的过程中,提问往往是语言交流的开始。提问对于了解对方、获取信息、实现良好沟通有着很重要的意义。一个善于提问的领导,不但能掌握交谈的深度,控制交谈的方向,而且能调动下属与自己交谈的积极性。

心理学家指出,适当地、循序渐进地提一些问题,不但能够让对方敞开心扉,赢得对方的信任,而且能得到满意的答案,有利于交谈的顺利进行。因此,领导在交谈过程中,要想让听者更好地接受你的提问并给予你满意的答案,就不能急于求成。

在交谈的过程中,提问的时候应该采用循序渐进的方式,这样不仅有利于创造一些条件使其心理逐步过渡,更能达到良好沟通的目的。

小张在电脑城做销售员,有一天,他到一个小区里开展宣传活动。在等待工人布置展台的时候,他开始向旁边一位带着孩子的家长推销电脑:

小张说:"您家的孩子真是幸福啊,生活在一个这么舒适的环境中！"

家长说:"是啊,我们一家子为了这孩子的成长可没少操心哪。"

小张说:"是的,可怜天下父母心,现在做父母的不仅要照顾孩子的衣食住行,还要为孩子的学习操心。"

家长打开了话匣子,对小张说:"许多父母为了孩子可以得到全面发展,只要是对孩子的学习成长有帮助的,不管有多贵,都舍得买。

"为了孩子学好音乐,父母愿意买电子琴、钢琴等孩子喜欢的乐器。为了孩子学好画画,父母愿意为孩子买最好的画笔,请优秀的家教。在孩子的学习投入上,父母从来不吝啬。事实上,为了孩子可以全面发展,多投资一点也是值得的。"

这时，小张抓住机会，向家长提问："先生，您觉得电脑在以后的社会生活中重不重要？如果一个孩子不懂得电脑，算得上全面发展吗？"

这个时候小张不再说话了，只是静静地看着这位家长。几秒后，顾客终于说："是啊，未来是电脑的社会，为了孩子可以全面发展，就买一台吧。"

最后，小张达到顺利成交的目的。

其实和下属交流也是如此，如果你想了解下属内心到底在想什么，那么就可以先找到一个切入点，先跟对方攀谈，等到下属已经完全跟随自己的提问回答时，再往主题上过渡，这样就能很容易地得到想要的答案，也不会使对方产生反感。

在提问时，要针对不同的目的和不同下属的特点，巧妙地运用不同类型的问题。下面归纳了几个问题的类型，可以在交谈中有选择性地灵活应用。

1. 假设型问题

假设型问题是指领导为下属创设某种环境并提出相应的问题，让下属自由表达自己的观点。这种类型的问题对鼓励下属评价、分析或表达其感受有着很大的帮助。

假设型问题就是让下属想象，自己在领导假设的情况下会

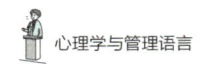

怎样做，从一定程度上来说，它可以帮助并引导下属思考更进一步的问题，或是按照领导的期望作出决定、给出答案。

2. 开放型问题

开放型问题是指让下属充分发表自己的看法，阐述自己的意见或陈述某些事实现状的问题，它能够使领导得到广泛的信息。

此类型的问题适用于向下属了解详细、具体、全面的信息，通常是在问题涉及多个方面或有多种解决方案等比较复杂的情况下使用。

3. 诱导型问题

诱导型问题是指对答案有强烈暗示性的问题，它可使下属不自觉地按照领导所设计的答案作答。

采用诱导型问题能够让下属对领导所提出的问题持肯定、支持的态度，对问题作出领导期望的回答。

4. 封闭型问题

封闭型问题是指在特定的领域内得出答案的问题，它可以使领导获取特定的信息。

一般来讲，这种类型的问题常用于查问或确认某些事实，以及对话内容不太复杂，只需要简单回答的情况。

尊重下属的看法，不要急于否定

互相尊重是日常交流中的一项基本原则，而说话则是思想的直接反映，尊重某个人的意见，也就如同尊重他本人一样。但一些人为了把自己的意见凸显出来，引起他人对自己谈话的重视，常常刻意地对他人的意见加以贬低、否定，结果引发对方的不满和抗议。

小刘是某服装公司的设计师，他的设计能力毋庸置疑，可是在公司却不招人待见。原因很简单，小刘经常不尊重别人，并且总是自以为是。

有一次，公司召开下一季度服装设计讨论会，小刘作为设计师之一也参加了这场讨论会。会议一开始，主管经理做了个简单的开场白，就直奔会议主题，让各位设计师对自己的设计方案进行阐述，然后大家表决，选出三个最佳设计方案，最后上交公司高层进行审批。

小刘是第二个进行阐述的，可能是对自己的方案充满了信心，只见他说得口沫横飞，激动不已，他很快就结束了自己的阐述。轮到第三位设计师阐述时，这位设计师刚阐述了一半，就被从座位上站起来的小刘打断了，他不仅对对方的方案给予否定，还罗列了一大堆理由，证明这个方案没有自己的好。顿时气氛有些尴尬，第三位设计师面红耳赤，也不愿意再继续说下去，只好坐下。这时的小刘还是一脸的得意之色。接下来是第四位、第五位、第六位设计师……接下来整整九位设计师，都是在方案阐述到一半时，就被小刘中途打断并否定了，说人家的这个不好、那个不好，总是找出一些理由，最后说自己的设计才是最棒的。本来讨论会是三个小时的进程，结果由于小

刘的"积极发言"，讨论会在主管经理的一句"设计师把方案都交上来，散会吧"中草草结束。

方案审批结果公布时，并没有小刘的方案。小刘一时傻了眼。而且，在公司举行年会的时候，小刘被同事在私下里评为"年度最没风度达人"。

领导在听下属说话的时候，一定不要急着打断，而是要认真倾听，给予对方更多的理解，而要做到这一点需要遵守以下两个原则：

1. 不要急于表态

有些领导在听取下属的意见时，往往急于表明自己的态度，或赞成或否定。其实，这对下属充分发表意见是很不利的，这可能会阻碍其他下属不同的意见。同时，发言者也会受到影响，妨碍其充分说明自己的想法，甚至话讲到一半就草草结束。

因此，领导者在听取意见时，最好多作启发，多提问题，不仅使下属把全部意见毫不保留地表达出来，还要引导他说出事先没有考虑到的一些意见。

2. 不要心不在焉

领导者在听取意见时的态度，对下属的情绪有着很大的影响。如果领导态度认真、精神专注，下属会感到领导在重视他的意见，从而毫无保留地把自己的想法讲出来。如果领导在听取意见时态度不专注，小动作不断，或者插入一些与谈话内容不相干的问题，就会使下属感到领导对自己的意见并不重视，不是真心诚意地听取自己的意见，从而产生消极的情绪，没有继续讲下去的欲望。

总之，领导在听取下属意见的时候，一定要做到态度认真、精神专注。在谈话之前最好把其他事情有序安排好，排除在谈话中可能出现的一切干扰。

第 05 章

修炼演说风格：把控全场气氛赢得人心

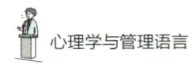

开场有特点，演讲就成功了一半

领导在日常交际的时候，或多或少地需要作一些演讲。要想在演讲的时候有出色的表现，达到吸引听众、收获人气的目的，不光要有精彩的演讲内容，还要有一个好的开场白。如果一开口不能吸引听众的注意力，即使下面有再精彩的内容都是枉然。所以说，开场白直接影响到演讲是否成功。

一些优秀的领导都很注重自己演讲时的开场白，并根据特定的听众和演讲的主题来选用一些与众不同的开场白，用于唤起听众的兴趣和求知欲，使演讲产生巨大的吸引力，紧紧抓住听众的兴头，使观众非听下去不可。

在一次毕业欢送会上，班主任老师正在给学生们致辞。他刚一开口，台下的学生就露出了疑惑的表情。

他说："本来呢，我想说一些祝福的话，但是现在我改变主意了，觉得这样不好。"这句话一下子把下面的学生弄得丈二和尚摸不着头脑，于是，大家就聚精会神地继续听下去——"说人生一帆风顺就如同祝愿某一位长者万寿无疆，是一个美丽而又空洞的谎言。人生漫漫，必然会遭到许多艰难困苦，在逆风险浪中拼搏的人生才是最辉煌的人生。希望大家奋力拼搏，在坎坷的征程中用坚定有力的步伐走出美好的未来。"班主任的话语给学生们留下了深刻的印象。

"一帆风顺"本来是一种常见的祝福语，但是这位班主任老师反其道而行，从另外一种角度悟出人生哲理。第一句话无异于平地惊雷，又宛若异峰突起，这样的开头，怎会不吸引听众？

对于领导者而言，精心设计一个独特的开场白是很重要的，它的好坏直接影响到演讲的整个进程和效果。

下面归纳一些开场白可以采用的几种形式，希望对领导者有借鉴作用。

1. 幽默式

在演讲时，以幽默、诙谐的语言或故事开头，能使听众迅速集中注意力，激发兴奋点。

2. 讲述故事式

用形象并且生动的语言讲述一个故事作为演讲的开场白，会引起听众极大的兴趣。

3. 自我贬低式

其实，这种自我贬低并不是真的贬低，而是表现出演讲者的幽默、机智、随和。用这种方式开场，确实能博得观众的掌声。

当然，方式不止这些，这里只列出了常用的三种。具体的方式，领导们可以自己发掘。

总之，无论采用什么样的开场，主旨都是不变的，那就是抓住听众的心，吸引他们的兴趣，让他们全身心地投入你的演讲中。

语调抑扬顿挫，让表达更有趣

事实上，语速稍慢、语调变化明显的演说反而更能突出重点，增强语言表达效果，因此更能吸引听众。设想一下，如果讲话者总是用一种平淡的语调，那么不仅讲话者所讲内容毫无吸引力，听众也会很快产生疲倦和厌烦的心理。

那么，什么是语调呢？语调是讲述时声音的高低变化和快慢轻重，是增强口语表达能力的重要技巧之一。

众所周知，口语表达是以句子为基本单位的。不过，由于讲话者对事物的看法千差万别，再加上表达的意思和感情不同，所以，说话的时候会产生语调，以此来显示不同的语气，因此，语调才有高有低、有快有慢、有轻有重、有停有连等种种变化。讲话者借助语调上抑扬顿挫、轻重缓急的变化，就能表达出不同的感情和复杂的内容。

事实上，一个口语表达能力出众的人，在讲话的时候会非常重视语调抑扬顿挫、轻重缓急的变化。即使一些枯燥晦涩的内容，从他们口中讲出来，也会变得悦耳动听、饱含感情，牢牢吸引听众。

法国有一个著名的歌剧演员，名叫格林。有一次，他去参加一个宴会。在宴会上，他用意大利语以及悲凄的语调把一张菜单朗读了出来，宴会上的嘉宾们一时间都受到了他的情绪的感染，个个泪流满面。

上面这个例子很好地说明了语调在传递情绪方面的巨大作用。

语调抑扬顿挫的变化在演讲或说话中同样起着至关重要的作用。演讲时，语调抑扬顿挫的变化不仅能使演讲更加生动，而且能传达演讲者丰富的感情。

善于运用这种变化，即便是抽象枯燥的内容也能被讲得娓娓动听，牢牢吸引观众；如果不善于运用语调的变化，讲述过于古板平淡，即使是生动有趣的内容，也会变得单调无趣，致使听众昏昏欲睡。

把控说话节奏，内容更易入耳

领导们在与人交往时，要想所说的话让人家爱听、喜欢听，就要注意控制好自己说话的节奏。否则，很难让别人明白你所说的具体内容。

张凡在快餐店碰见一个刚刚看完球赛的小伙子。张凡问道："今年谁夺了冠军？"小伙子兴奋地说："A队大败B队夺得冠军。"

张凡迷惑了：到底是A队打败了B队获得了冠军，还是B队打败A队获得了冠军呢？张凡打电话问了他的同事后，才知道是A队获胜了。

这位小伙子说的话之所以让人听不明白，就是因为他没有掌握好说话的节奏。

说话的节奏是指说话时发音和停顿形成的强弱有序和周期性的变化。简单来说，说话的节奏其实就是说话的快慢。"书面语"是借助标点符号把句子断开，以便使内容表达更加具体、准确。而领导们在说话时就要借助节奏，来帮助自己传递

信息或表达感情。

快慢适中、起伏有度的语言不仅有助于传递信息、帮助听者理解所说的内容，还使语言凭添美妙的乐感，使人愿意听、喜欢听。

那么，领导们应该怎样才能把握好说话的节奏呢？其实也没有什么神秘的地方，只要掌握了什么地方应该加速，什么地方应该减速，自然就能做到抑扬顿挫。

第一，说话时应该加速的地方有：遇到任何人都知道的事情，或不太重要的事情，或故事精彩的高潮等。

第二，说话时应该减速的地方有：需要特别强调的事情，或极为严肃的事情，或使人感到疑惑的事情；另外，在遇到数据、人名、地名等时，也需要放慢语速。

下面归纳了几种常用的语言节奏，领导们在日常的谈话中若能有效运用，也能起到吸引听众的效果。

1. 轻快型

轻快型的语言节奏是最常见的，听来不费力。日常性的对话，一般性的辩论，都是使用这类型的节奏。

2. 凝重型

这种节奏听来一字千斤，句句着力。需要演讲者声音适中，语速适当，既不高亢，又不低沉，重点词语清晰沉稳，次要词语不滑不促。此类型多用于发表议论和某些语重心长的劝说。

3. 高亢型

高亢的节奏能产生威武雄壮的感觉。高亢型的语言声音偏高，语调起伏较大，语气昂扬，语势多上行。此节奏类型多用于鼓动性的演说，或叙述一件重大的事情，或宣布重大决定及激动人心的事情。

4. 舒缓型

这种节奏是一种稳重、舒展的表达方式。演讲时声音应不高也不低，语速从容，既不急促，也不大起大伏。舒缓型节奏多用于说明性和解释性的叙述。

5. 紧张型

紧张型节奏往往用于表现迫切、紧急的情况。声音不一定

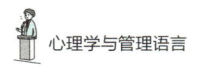

很高，但语速较快，语句一般不延长和停顿。这种节奏多用于下级向上级汇报工作情况。

突出演说主题，牢记说话目的

生活中的讲话总是带的有目的，要么为了表达意愿，要么为了表达情感，领导者当然也不例外。因此，领导者在讲话的时候，应该围绕一个主题去讲。换句话说，就是领导者讲话要有重点。

领导者想要表达什么意思，应该事先在脑子里做一番思考，对想要表达的内容做一些梳理，确定了中心思想后，再按照合理的顺序，先说什么，后说什么，一一表达出来。

对于一个主题，涉及的方面很多，这就要求领导者讲得有条理、有逻辑性，一环扣一环，使人一听便知道领导者的主要意图和论据依据。如果一次讲话有多个主题，可以有目的地有层次地把它们分开来讲，或者先讲要点，以便听者掌握。

大科学家法拉第年幼的时候，是一个穷孩子。在装订商和图书出版商做学徒时，由于一个偶然的机会，他接触到了关于"电"的文章，从此他迷上了学习科学知识。后来，经过一位好心人的帮助，他认识了著名的化学家弗莱·戴维。法拉第把自己记的一本戴维讲座的笔记和一封信一起交给了戴维，戴维才认识了法拉第，并邀请他到家里做客。二人见面时进行了如下的对话：

戴维说："很抱歉，法拉第先生，我不得不告诉你，那边的实验仪器随时都有可能爆炸，因此我们的谈话也可能随时被打断。不过，看来你今天很幸运，因为化学仪器这会儿还没有爆炸。法拉第先生，你记的笔记我看过了，你能告诉我你上的是哪所大学吗？"

法拉第答道："我没有上过大学，尊敬的先生。"

戴维惊讶地说："是吗？天哪！那怎么可能？你记的笔记里已经说明你肯定上过大学，要不然怎么能了解那么多科学知识呢？"

"我喜欢科学知识，所以我就尽可能去学习，而且我在房间里建立了一个很小很小的实验室，先生。"

"是么？小伙子，我太感动了。不过，很明显，你是没有在充满危险的试验室里工作过，才愿意到我这里来的。你知道吗，研究科学太艰苦了，虽然你付出很多劳动，但是报酬却少得可怜。"

"对我来讲，只要能做这件工作，就是最大的报酬。"

"你看到我左眼旁边的这块伤疤了吗？这是在做一次关于氢气的实验时，爆炸留下来的痕迹。我想，你在商人那里装订图书总不至于让你出血或被电晕吧？"

"是的，的确没有过。可是，每当我翻开那些装订的科学书籍时，那些知识经常让我目瞪口呆……"

经过一番交谈，两个人都很开心，法拉第也顺利进入了戴维的实验室工作。

这段有趣的谈话，的确是重点突出，详略得当。化学家戴维自始至终强调的都是科学研究不是一件轻松快乐的事情，需要付出艰苦的劳动，甚至要付出伤残的代价；而法拉第表达的是对科学知识的强烈渴望，对科学的执着追求。由于二人讲话时都有着明确的主题，所以，二人才能达到如此良好的沟通效果。

总之，领导无论在演讲还是说话的时候，都不能忘记说话的目的，也就是自己想要表达什么内容，在说话时要紧紧围绕主题展开谈话。谈话内容就是为了论证主题，或者演说的意义。只有重点突出的演说，才能被听众认可，才能称为一次成功的演说。

适当停顿，让演讲更意味深长

领导在日常的口语表达中，要想让你说的话听起来有节奏感，就要学会在恰当的、合适的时机"停顿"下来。停顿是指口头表述中，词语之间、句子之间、段落之间、层次之间声音上的间断。无论是说话还是演讲，如果不注意停顿，那么都是无法传情达意的；如果没有适当的停顿，有时甚至会造成表意的错误。同样，好的停顿处理，不仅是表达说话意图的需要，而且也是增强语言表现力和精确性的必要。

英国的一位议员在一次关于建筑工人的演讲中，突然停了下来，取出怀表，站在讲台前一声不响地看着听众，时间长达

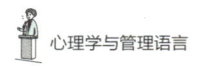

20秒之久。正当观众迷惑不解时，这位议员说话了："各位刚才感到局促不安的20秒，就是一名普通建筑工人垒一块砖所用的时间。"

这位英国议员用停顿的方式，在表现演讲内容的同时，也吸引了听众的注意力。这样运用停顿的功力绝对是炉火纯青。当时，伦敦各大报纸将此事作为新闻争相登载。

停顿是一种语言表达上的技巧，要想掌握这种技巧，就要了解一下停顿类型。一般情况下，停顿可以分为以下四种：

1. 语法上的停顿

这一类型主要是根据语句中的标点符号来停顿，不同的标

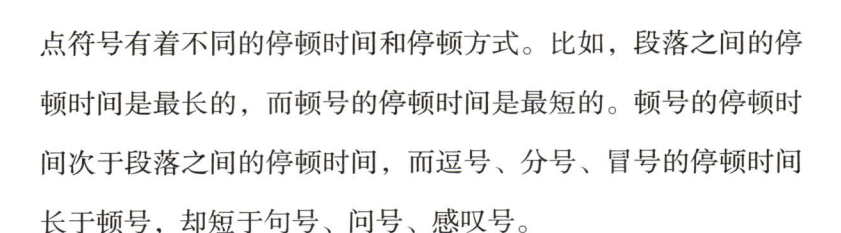

点符号有着不同的停顿时间和停顿方式。比如，段落之间的停顿时间是最长的，而顿号的停顿时间是最短的。顿号的停顿时间次于段落之间的停顿时间，而逗号、分号、冒号的停顿时间长于顿号，却短于句号、问号、感叹号。

2. 感情上的停顿

这种停顿也称为"心理停顿"，主要是为了表达语言蕴涵的某种感情或心理状态所采用的停顿。

恰当地运用感情停顿，可使疑虑、紧张、沉吟、想象、回忆、思索、悲痛等各种感情和心理状态表达得更准确。感情停顿是一种特别重要的表达技巧，它能充分展现"潜台词"的魅力，使听众从"停顿"中体会语言的丰富内涵以及难以言表的感情，从而使语言更具打动人心的力量。

3. 逻辑上的停顿

文字语言中有标点的地方一般都需要停顿，但在一个句子中间，为了准确地表达语意，揭示语言的内在联系，可根据文义合理地划分词组，作一些适当的停顿。

词组之间的停顿千变万化，到底是停还是连，要以表意准确清晰为出发点，作出适当的选择。

4. 生理上的停顿

即在演讲或说话的时候停下来换口气。一般来讲，这种停顿是与上述三种停顿结合使用的。因为这种停顿必须服从语法、逻辑和事态的需要，一般不单独进行。

总之，对于领导而言，讲话时的"停顿"需要掌握好技巧。因为，有意识的停顿不仅能使谈话具有层次感，还可以突出谈话重点，吸引听众的注意力；适当的停顿，能够使听者明白你所讲的内容究竟分为几个段落，做到前呼后应。只有条理清楚的讲话，才具有更强的说服力，更会使听众佩服你的口才。

制造共鸣，调动听众情感

演讲的目的就在于向听众传达一种思想、一种态度或者一种观点，并希望得到他们的认可和接受，从而达到鼓励人、教育人的目的。因此，领导者在演讲的时候，要想让听众接受你的思想，就必须和听众在情感上产生互动，在思想和心理上产生共鸣。

领导者在演讲的过程中要想与听众产生共鸣，产生互动，方法其实有很多。比如，可以寻找与听众之间的共同点，从而拉近双方之间的距离。

英国前首相哈罗德·麦克米兰受邀到印第安纳州绿堡的德堡大学给毕业班的学生作一次演讲时，就是以这样的方式打开了沟通的通道。演讲开始时，哈罗德做了这样一个开场白：

"我很荣幸受到贵校的邀请，能来到德堡大学进行演讲，我感到很亲切。虽然现在我身为大英帝国的首相，但我想这恐怕不是我被邀请的主要原因。我的母亲出生于印第安纳州，我的父亲是德堡大学的第一届毕业生，所以，我与印第安纳州和德堡大学都有着密切的关系，我以能够受到这里传统教育的熏陶而备感骄傲。"

哈罗德·麦克米兰用朴实、充满感情的语言打开了与听众

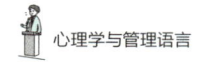

交流的通道，说出了自己与听众之间千丝万缕的联系，必然使听众产生情感和心理上的共鸣，不但迅速地为自己赢得了友谊，更为演讲的成功奠定了基础。

然而，领导者演讲时要想与听众在一开始就产生共鸣、进行互动往往很难，除了发掘你与听众之间的共同点外，还应针对听众的特征，仔细分析他们的兴趣所在，设计出符合他们口味的演讲风格，这样才能将自己的思想或观点有效地传递给听众，达到演讲的目的。

那么，除了上述的"发掘与听众之间的共同点"这一方法外，还有哪些方法或技巧能够让领导者在演讲的时候与听众产生良好的互动和共鸣呢？下面总结了几个方法，可以在演讲的实际过程中加以运用，从而更好地表达自己的观点或思想。

1. 告诉听众你要说什么

领导者在面对听众进行演讲时，应先设想他们要听你说些什么。因此，领导者在开始演讲之前可以问问自己："你所进行的演讲主题对听众有什么意义？能否帮助他们解决一些问题？"然后讲给他们听，这样必然可以使他们做到聚精会神。

2. 让听众参与演讲的过程

领导者在演讲时可以借助一些小技巧，让听众参与演讲的过程，这是与他们产生互动和共鸣最好的方式之一。这样做的好处是能够使听众跟着你的思路，关注你演讲的每一个词汇。

如果能够让听众参与到你的演讲过程中，听众就变成了你的合作人，而不是单纯的听众了。这样可以有效拉近你与听众之间的距离，让听众感觉他们也是"演讲者"，更容易产生亲切感，你的观点也就更容易被听众接受。

3. 对听众表示赞赏

领导者在演讲时，如果能对听众做过的值得赞美的事情表示赞赏，他们就会获得心理上的极大满足，在心理上会主动拉近与你的距离。

不过，领导者要记住的是，在说赞赏的话时要充满真诚。如果你真的不会说赞赏的话，那最好的办法就是不要开口，否则可能会因为表达不当而让人产生误解。

第 06 章

管理即信服：巧用语言技巧树立威信

三思而后言，用心说话尊重听众

俗话说："三思而后行。"意思是说，在做事之前一定要经过深思熟虑。实际上，不仅做事情要这样，说话更应该如此。说话之前也必须三思，如此才能保证说话的质量。"说出去的话，泼出去的水"，一旦说错了话，就如泼出去的水，想收也收不回来了，只会对别人造成伤害，甚至导致无法弥补的局面出现。

明朝开国皇帝朱元璋出身贫寒，很小的时候就开始给别人家放牛，给有钱人家做短工，最困难的时候甚至为了吃饱肚子而出家当和尚、沿街乞讨。不过，就是这样一个人人都看不起的小人物，后来竟然建立了自己的国家。

朱元璋当上开国皇帝之后，有一天，他儿时的一位伙伴来求见，朱元璋也很想见见这位老朋友，不过又怕他当众说出他们那些不堪回首的经历。但犹豫再三之后，还是决定召见这位老朋友，他心想：总不能让别人说我现在富贵了就忘记旧情。这个人一进大殿就跪下行礼，高呼万岁，还说道："当年微臣随驾扫荡庐州府，打破瓦罐城。汤元帅在逃，拿住豆将军，红孩子当兵，多亏菜将军。"朱元璋见他对自己满是敬仰之情，且用词十分含蓄，又加上回忆起当年大家在一起有福同享、有难同当的情形，心里十分感动，于是就重赏了这位老朋友。

很快，朱元璋不忘旧情、重赏老朋友的事情就被传得沸沸扬扬。朱元璋的另一位年少时的伙伴听到这件事情后，也想借此发一笔横财。于是，他也去求见朱元璋。他见到朱元璋高兴

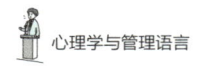

极了，就站在大殿上指手画脚地说："陛下您还记得小时候吗？当时咱俩都给有钱人家放牛，有一次，我俩把偷来的豆子放在瓦罐里煮着吃，可是还没有煮熟我俩就抢起来了，结果把瓦罐打破了，豆子撒了一地。你那时只顾抓地上的豆子吃，结果不小心把红草根卡在喉咙里，还是我帮着你解决了问题。"说完表现出一副得意的样子。

当着文武百官的面，朱元璋实在下不了台，他又气又恼，说道："这个人是从哪里来的疯子，满口胡说八道，来人，将他拉出去砍了。"

领导说话前一定要三思，这不仅是对听者的一种尊重，也是对自己的一种保护。经过精雕细琢的话，往往能为自己的形象加分，同时也是为自己留下一条退路，即使沟通的过程不如自己想象的那样顺利，但最起码不会那么尴尬。

为什么有些领导说的话让人听起来舒服，而有些领导说话时却像机关枪一样，让人听起来像吃了火药？阿里巴巴的创始人马云说过这样一句话："傻瓜用嘴说话，聪明的人用脑子说话，智慧的人用心说话。"意思是说，只用嘴巴、不用脑子说出来的话是傻话，而聪明的人则经过大脑思考，用心说话，则又上了一个层次。

有理有据，管理者说话要中肯到位

领导者拥有好的口才固然重要，但说话办事切记要以理服人，而不是以权服人，或以权压人。以理服人就是摆事实、讲道理，让下属从领导者讲的事实中领悟到道理，从而接受领导的建议，遵照领导的建议行事。领导者在劝导时要讲究以事实例证为依据，既不能讲空话、大话、套话，也不能像报告那样"宽纵面，大纵深"，而是要有实实在在的论证去说服。

领导者要想向下属证明自己的观点，就一定要学会用事实来说服下属。以理服人最重要的一点就是摆事实，出言有据，论证有力，道理明白，如此，对方的观点就会不攻自破。这些事实既有可能是调查数据，也可能是一些已经发生的事情，还可能是行业标准等。千万不要轻视这些事实，因为只有事实才最具说服力，才能把抽象的事物具体化，才能使对方从事实中感受到领导观点的可信度，从而彻彻底底地信服领导作出的决定。

在第二次世界大战中，有一位海军士兵被派往一艘油轮上执勤，跟他一同的还有一位战友。但是，当具体任务下达的时候,他们却表示不愿意接受。因为他们听说,在油轮上执勤,一旦油轮被敌军的鱼雷击中,大量汽油爆炸,顷刻之间就能把他们送上天。为此,他们感到十分恐慌。

下达命令的海军军官听说此事后,就找到他们两个人,他向他们提供了一些准确的统计数字。军官指出,被鱼雷击中的100艘油轮中,有60艘没有沉到海里。而在真正沉下去的40艘油轮中,只有5艘是在不到5分钟的时间内沉下去的。所以,他们有足够的时间跳下船。也就是说,死在船上的可能性很小。

知道了这些具体数字之后,那两位海军士兵的恐慌一扫而光,于是,他们欣然接受了任务。

士兵们最终之所以能够接受任务,主要在于海军军官的说理方式,他以实实在在的事实数据为证据,而不是简单地讲大道理、空话或大话。可见,用事实来支持观点,是一种最有力、最科学的说理方式,而准确的统计数字就更有权威性,能够让人深深地信服。

俗话说得好:"有理胜三分。"事实胜于雄辩,"用事实说话"才是说服对方最犀利、最有效的方法。因此,擅长用事实说话,是领导者说服下属时必须掌握的技能。

那么,"用事实说话"时应该注意哪些问题呢?下面总结了两条建议,希望能对领导者有所帮助。

1. 要讲清道理

领导者"用事实说话"的前提就是自己先要明理。在说服下属时,领导者要清楚地阐述事件的理论依据,这些理论依据必须是对方可以理解的理论。讲清的过程是逻辑思辨的过程,说理时,哪些先讲,哪些后讲,哪些重点讲,这些问题是说理的关键,用于为下一步的例证作准备。

2. 用实例说明

领导者要举出大量的实例来证明你所阐述的理论是有根据的，当然，这些例子越现实越好。

在选择实例的时候最好具有典型性，因为只有典型的实例才能反映出事物的本质和规律，才有证明意义。

此外，选择的实例必须真实可靠。一旦你采用的实例被对方驳倒，那么，所有的事实都将成为怀疑的对象，就会因此失去说服的力量。另外，领导者在举例的时候语言应该简明扼要，将道理说清、说明白就可以，切忌多说，画蛇添足。

利用权威效应提升语言信服力

所谓"权威效应"，指的是如果说话者地位高、有威信、受人敬重，那么他所说的话就容易引起他人的重视，并相信其正确性。权威效应之所以普遍存在，主要有如下两个方面的原因：一是人们具有安全心理，也就是说，人们总是觉得权威人物常常是正确的楷模，服从权威人物会让自己产生安全感，增加了不会出现错误的"保险系数"；二是人们都具有想获得赞许的心理，人们总是觉得权威人物的要求常常与社会规范相一致，按他们的要求去做，就会获得各个方面的赞许与奖励。

一些心理学家做过这样一个试验：他们在给某一大学心理学系的学生们讲课的时候，给学生们介绍了一位从外校请来的德语老师，并对他们说这位老师是德国非常著名的化学家。上课的过程中，这位著名"化学家"煞有介事地拿出一个装有蒸馏水的瓶子，并告诉学生，这是他最新发现的一种化学物质，有一些说不清的味道，让在座的每个学生闻到气味时就举手，结果大部分学生都举起了手。

为什么明明是没有气味的蒸馏水，却被大部分学生认为有气味呢？其实这就是社会中一种普遍存在的心理现象，即"权威效应"。

在现实生活中，利用"权威效应"的例子还有很多：比如，做广告时请权威人物赞誉某种产品，辩论说理时引用权威人物的话作为论据等。在人际交往中，利用"权威效应"，有时还能引导或改变对方的态度和行为。作为一名管理人员，就该树立起自己的威信，该严肃时就必须严肃。你的下属犯错误之后就必须得到相应的惩罚。否则，你的训话就会被他们视为儿戏，之后可能会变本加厉。

那么，如何利用权威效应让别人认同自己所说的话呢？

1. 说话要言简意赅

如果你平时注意观察就会发现，一个真正有权威的领导往往都擅长总结，而那些地位稍微低一些的领导才会常常和自己的下属唠唠叨叨。所以，要树立自己的威信，就要做到言简意赅。

2. 最后出场讲话

这种方法来源于"重点置之于后"的心理，这种心理在生活中十分常见。说话时，越将重点放在后面，越能显示说话内容的重要性，同样，开会时，官阶越高的人往往也越后发言。

3. 说话要有自己的风格

要想让别人时刻不忘自己,就要有自己的特色。做到最优秀很难,但是做到拥有自己的风格则比较容易。作为领导,应该在说话时,为自己树立一个独特的标志,让大家很容易认出。比如,加入一些比较有独特风格的句式或肢体动作等。

善于眼神交流,让对方认为你值得信任

人们用嘴巴说话,用眼睛视物,这也许是我们了解的最基本的用途。其实,眼神也可以达到交流的目的。心理学家通过研究发现,在交流中,语言所占比重为7%,声调占37%,而眼神和肢体动作所占的比重却高达56%,其中,眼神是最重要的交流工具。

荣获第21届美国夏威夷国际电影节最佳影片大奖的中国电影《紫日》,里面的三位主人公杨玉福(中国人)、秋叶子(日本人)、娜加(俄罗斯人)就充分运用了眼神的交流。因为三位主人公来自不同的国家,所以语言不通,但是尽管不能

用语言交流，他们却最终通过眼神的交流，达到了与语言交流同样的目的。

当秋叶子与她的同学在草屋里被发现时，眼神满是惊慌，还噙着泪水。同学自杀后，她的眼中除了惊慌，更多的是恐惧和愤怒。当杨玉福发现秋叶子是日本人，想到自己的母亲是被日本人残酷地杀害了的时候，就目不转睛地瞪着她，仇恨就像一把利刃从眼神中迸射出来，十分想杀死秋叶子。而当音乐盒清脆的声音使原本僵持的局面变得缓和后，杨玉福眼里又流露出同情的眼神。当他和娜加对视的一刹那，娜加仿佛一下子明白了他的意思，便阻止同伴杀掉秋叶子。

当他们走出雷区后，娜加的眼神在示意杨玉福杀掉秋叶子。当杨玉福举着刀慢步走向秋叶子时，年轻的秋叶子眼神中流露出了恐惧和乞求，这使杨玉福犹豫了起来，一切思想活动都表现在了眼神中。结果杨玉福只是割断了捆绑她的绳子，而此时的秋叶子眼中则多了一份信赖。

最后，在大兴安岭发生火灾，在面临危难、千钧一发时刻，秋叶子用一种自信的眼神希望大家相信自己，用了一种非常冒险的方法成功救下了众人。

当他们一个个从趴着到站起来，用一种探求的目光看到其他人之后，又欣喜地笑了。是秋叶子把他们从死神手里拉了回来，娜加也不再用仇恨的目光看秋叶子了。所有人的眼神中都充满了真诚和感谢。

由此可见，眼神是最具表现力的体态语，能传递丰富的信息和情感。因此，领导在与下属的交流过程中，除了要学会运用"有声语言"外，还要在说话的时候配合适当的眼神交流，学会运用眼神的力量。只有这样，才能够更多地获取下属的信任。

既然眼神在交流沟通中有如此重要的作用，那么，领导就要学会善于运用眼神。下面是运用眼神的一些技巧，希望能在实际的交流中对领导们有所帮助。

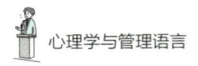

1. 注意视线接触对方的时间

在谈话交流时，不能直视或长时间地凝视对方，这是一种不礼貌或挑衅的行为；但如果在交谈时完全不看对方，会被别人认为你很傲慢、自高自大，或者企图掩盖什么，如慌张、空虚等心理状态。

2. 注意视线停留的部位

在沟通交流中，运用眼神时要注意根据关系亲密程度来确定视线停留的部位，也可以依据语境和场合来确定。

比如，领导找下属谈话，可以运用严肃注视，即视线停留在对方前额的一个假定的三角形区域；朋友间的谈话，则可以使用亲密注视，即视线停留在两眼与胸部之间的三角形区域。

3. 注意眼神的变化

眼神的变化能够准确地传递某种信息。

不同的视线方向表达着不同的含义，比如，仰视表示思索，俯视表示忧伤，正视表示庄重，斜视表示蔑视等。

另外，眼神的变化要自如协调，要与有声语言有机地结合在一起，不能只顾眼神，不顾其他或两者分离。眼神的变化要与其他的表情动作协调一致，成为一个有机的整体。眼神变化后，即完成了一个意思的表达，之后就要马上恢复正常，否则会产生词不达意的后果。

用微笑提升领导气质

"笑"是人类表情达意最基本的方式之一，也是言谈交流中的有力工具。笑，能传递快乐；笑，能打破僵局。相比较而言，会笑的人在社会交往中比那些严肃的人具有更大的优势，更有利于促进人际关系的和谐，增进朋友之间的友谊。

在笑的范畴中，人们最推崇的就是微笑。微笑是最重要的一种表情语言。微笑具有强化有声语言沟通功能，增强交流效果，改善形象，拉近距离等多方面微妙、奇特的作用。

美国著名的"旅馆大王"希尔顿就是靠微笑发家致富的。

希尔顿在一次旅馆营业员工大会上问大家："现在我们旅馆新添了一些一流的设备，你们觉得还应该配上哪些一流的东西，才能使顾客更喜欢希尔顿旅馆呢？"员工们很快就提出了自己的意见，但希尔顿并不满意，他说："你们想想，如果旅馆只有一流的设备，而没有一流服务员的微笑，顾客会认为我们提供了他们需要的全部东西吗？如果缺少服务员的美好微笑,能使我们的上帝有回家的感觉吗?"

稍停片刻,希尔顿接着说:"我宁愿走进一家设备简陋但到处充满微笑的旅馆,也不愿去一家装饰富丽堂皇但不见微笑的旅馆。"正是微笑,让希尔顿旅馆赢得了大量的顾客,给希尔顿带来了信誉和成功。

微笑可以缩短人与人之间的距离,化解令人尴尬的僵局,是沟通彼此心灵的渠道,使人产生一种安全感、亲切感、愉快感。当你向别人微笑时,实际上就是在以巧妙、含蓄的方式告诉他,你喜欢他,你尊重他,这样,你也就容易博得别人的尊重和喜爱,赢得别人的信任。

既然微笑有如此的魅力，那么是不是所有的微笑都有这样的魅力呢？答案是否定的。只有真诚的、发自内心的微笑才具有如此强大的力量。真诚的微笑是诚心的体现，也只有真诚的微笑才能化解人与人之间的隔阂。

下面有两条建议，有助于领导者展现恰到好处的微笑。

1. 端正态度

如果你在谈话时能够以完全平等的态度对待对方，尊重对方的感情、人格和自尊心，那么，你的微笑就是真诚的、发自内心的、美丽的，就具有强大的凝聚力、感染力和亲和力。否则，你的微笑在别人看来可能就是虚假的、丑陋的，无法给对方留下好印象。

因此，只有说话人的基本态度改正了，"皮笑肉不笑"的问题才能迎刃而解。

2. 掌握微笑的动作要领和方法

微笑时，口腔要打开到不露或刚露齿缝的程度，嘴唇呈扁形，嘴角微微上翘。

领导在与下属说话的同时，配合真诚的微笑，不但可以增加语言的魅力，而且能够拉近与下属之间的距离，增加自己的亲和力，使自己更能得到下属的认同。

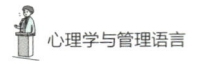

活用手势,提升讲话的力量

"身体语言"对信息的传递起着至关重要的作用。人与人交流时,如果只是单纯地动"嘴"不动"手",就会使语言显得苍白无力。因此,要想让自己的谈话有吸引力且富有力量,就要在说话的同时多借助手势言,来达到表情达意的目的。

两千多年前,马其顿全军在远征途中,因为断水面临着崩溃的危急形势。亚历山大国王在战马上做演说鼓舞士气:"勇敢的将士们,我们只要勇敢前进,就一定会找到水的。"只见他右臂向正上方高高举起,张开五指,而后迅速有力地挥下,使人感到态度坚定。讲到"壮士们,勇敢前进吧"时,他右手

平肩往后收回，然后迅速有力地将五指分开的手掌猛地推向前方，形成一种锐不可挡、所向无敌的气势。

由此可见，恰当的手势动作不但对表达情感有所帮助，而且它还有很大的"包容量"，这种"无声"的语言比"有声"的语言更加有力量。在交谈时，必要的手势能增加讲话的效果，还能引起听者对讲话者所说内容的重视。运用手势，更能使讲话者自己感到振奋。

当然，并不是在所有的场合都能够随心所欲地运用手势。领导们在运用手势的时候也要看场合、看事情，特别是单独与某位下属交谈时，不要过多地运用夸张、动作幅度比较大的手势，否则会适得其反，对方会因你不合时宜的动作而否定你的谈话内容。

领导在运用手势时要注意以下几点：

1. 手势不能乱用、误用

在交谈的时候，适度地运用手势能够为你的谈话增添魅力，但是要切记手势不能乱用、误用，更不能在与人交谈时做出一些不雅、不友好的手势动作。

2. 运用手势要看场合

只有根据不同的场合运用不同的手势，才能给人留下良好的印象。比如，在长辈或上级面前讲话，应该少用甚至不用手势，否则，会给长辈或上级留下"此人爱指手画脚，不够稳重"的印象。再如，在庄严的场合和比较和谐的气氛里，直接用食指指向别人是非常不礼貌的行为，这时应该五指并排，以手掌作指示。

3. 运用手势要讲究频率和幅度

"凡事皆有度"，运用手势自然也不例外。在交谈中，手势使用得太少、幅度太小，自然起不到作用，反而会给人一种拘谨、不够大气的感觉。但是，手势如果使用得过于频繁并且幅度过大，就会给人留下缺乏涵养、不文雅的印象。

以下是几种手势的类型，可以掌握并加以灵活运用：

1. 象征手势

象征手势主要用于表示较为复杂的情感和比较抽象的概念，有特定的意义，又具有一定的普遍性。比如，握拳伸出右手的食指和中指构成"V"字形，用来象征胜利。

象征手势能创造出一种有激情的语言环境，容易使听众产生共鸣。

2. 指示手势

指示手势常用来指明谈论的具体对象，如指明不同的人称、方位、数目、事物等。

指示手势只适用于在谈话时双方视力可及的范围，如在场的人或物，或虽离得较远，但也应能弄清楚大概方向的情况。另外，在运用这一手势时，不应该总是指着对方点点戳戳，如果说话的语气加重，就更是失礼的表现，严重时会引起冲突。

3. 情感手势

情感手势是用来表达说话人某种情感、意向或态度的手势。

比如，挥舞拳头用于表示愤怒，抚摸鼻子表示犹豫，捶打胸脯表示悲恸，敲打前额表示悔恨。这些手势的运用应伴随表达内容的内在感情基调自然而然地流露，才能使对方加以理解。

总之，手势没有固定的模式，没有规定的角度，不受外在条件的限制。领导可以在谈话的时候根据实际需要灵活运用、自由发挥，借此来增加语言表达的魅力、增加言谈的可信度。

第07章

洞悉工作心理：引导下属高效地工作

传达工作指令，不可模棱两可

领导者日常工作的大部分内容和时间都是在对下属进行管理，其中最常见也是最普遍的管理方式就是下命令。但是，有些企业的领导经常向下属下达一些让人摸不着头脑的指示或者含糊不清的命令，事后又责怪下属没有认真执行。殊不知，下属没能很好地执行命令，主要是因为命令本身的不明确性。

宋明远在一家单位当科长，最近总是被这样一件事所困扰——他在工作中总是得不到下属的协助。

在参加一次单位组织的座谈会时，他碰见了一位老前辈，于是宋明远就向这位前辈诉苦，并请他支招。老前辈问他："你在给下属下指令的时候，有没有明确地指出命令的具体内容和目的呢？"经过这位职场老前辈的悉心指点，宋明远这才恍然醒悟，原来一直困扰自己的问题，根源竟然在自己身上，源于自己在给下属下达指令的时候总是含含糊糊，没有对下属详细说明指令的内容和目的。于是他下定决心要改掉这个缺点。

第二天，他在给下属下命令时，详细地传达了自己的指令："这个方案需要在下周举办的员工表彰大会上提出来，所以，你最好在表彰大会召开的前三天完成它。还有，这一则招聘人才的启事除了在报纸上刊登外，还可以登在一些求职杂志上，你还可以在一些招聘网站上动动脑筋。去吧，尽快把它做好。"这次，下属则没有推脱，麻利地去执行。

领导在下达命令时，有必要向下属全面介绍相关工作的情况，这样做不仅有助于下属从全局来考虑问题，还能发挥工作的主动性，有助于下属出色地完成任务。

领导者下达使人容易明白的、简洁而清楚的命令，下属才能够准确地知道他应该做什么，也就会马上着手去做。在大多数情况下，下属们没有做好工作的主要原因，就是他们没能真正弄明白你究竟想做什么。

那么，领导如何做才能使下达的指令更加明确，有利于下属的执行呢？

1. 下达的指令一定要简洁

领导下达的指令要简洁，越简洁的指令越容易被下属执行。简单明了的指令比较容易被下属理解，有利于加快下属执行的速度，并且在执行时能有效地减少错误的出现。但是简洁不等于模糊，其中特别需要注意的事项绝对不能省略。

2. 下达的指令一定要准确

领导给下属下达指令时，如果表达得不清晰，存在歧义，就会导致下属不能完全按照领导的意图去执行。因此，在向下属下达指令时，领导一定要准确清晰地说出自己对任务的要求，这样下属就不会因为听不明白而导致执行不力了。

3. 下达指令时一定要抓住重点

领导在向下属下达指令时要抓住重点。在向下属下达指令之前，领导们对于任务的要点必须一清二楚，这样在布置任务时才能使下属一目了然，明白该做什么，怎样去做，也就不容易出现执行不到位的情况。

4. 对自己下达的指令要做记录

在大部分企业里，领导都是日理万机，事务繁忙，有时候一天可能要下达七八个指令，时间久了，常常连自己都忘记具体下达了哪些指令。因此，为了避免这种情况的出现，就要求领导者对自己下达过的指令做记录。

比如，领导者可以制作一张"指令记录表"，在上面填上任务的具体内容、任务执行者、要求完成的期限、需要获得什么样的结果等内容。这样做的好处是，不仅方便领导者自己记忆，同时也能监督下属更有效地执行。

幽默表达，轻松安排日常工作

人与人沟通时不能没有幽默，尤其是领导者，由于地位的特殊性，在日常工作中往往需要说很多话，所以，在谈话的过程中，一定要恰当地运用幽默的语言。

莉莉是一家公司办公室主任的秘书，这天在下班的时候，她正着急地往外走，因为她要赶时间去赴男友6点半的约会。

谁知道，在跨出办公室门的时候，主任却叫住了她。

"莉莉，能不能再帮我打印一份报告？"主任对站在门口的莉莉说。

"现在已经下班了，我还要赶时间参加约会，明天吧。"莉莉无奈地答道。

主任看莉莉一脸尴尬、无奈的表情，便谦虚地说："我的头脑是586，而你们年轻人是奔腾4，所以那份报告应该可以很快就能打出来的。"听完主任如此幽默的话，莉莉低头看了看表，欣然地接受了这个"临时加塞"的任务。

结果，莉莉只用十分钟就打印完了那份报告。

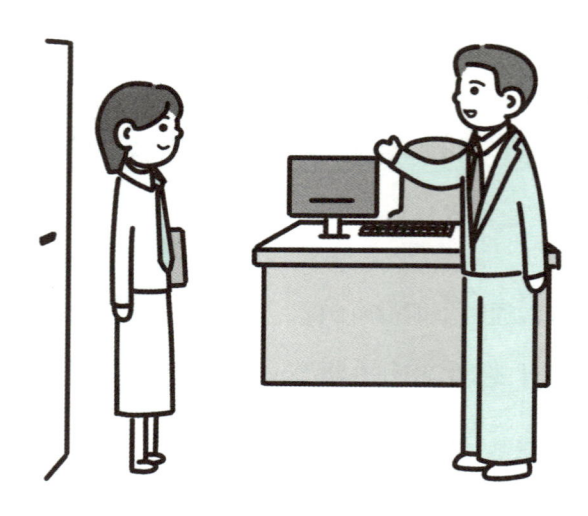

像案例中这位主任一样的领导，一定会和下属打成一片，因为这样的领导不仅不会用权力压人，他们还会运用幽默的语

言让下属在笑声中欣然接受工作。

如果办公室主任在向莉莉分派工作时，依靠权力命令道："去，赶紧把这份报告打印出来，我明天着急要用。"这样说话只会让下属对身为领导者的你产生强烈的反感，甚至还可能引发更深层次的矛盾。而在言谈中使用幽默的语言，不仅能够贯彻领导的主张，让下属欣然地接受任务，还做到了不得罪下属，何乐而不为呢？

说话幽默的领导为人豁达，说出的话风趣诙谐，有魅力，能够为自己增加亲和力，容易让人接近。

幽默的谈吐能够给下属以美的享受，更能够显示出领导者高明的说话水平。幽默是人际关系的润滑剂，是领导和下属沟通的纽带，在领导和下属的沟通过程中必不可少。当然，作为领导，要让你的幽默运用得恰到好处，就要注意以下三点：

1. 选择合适的对象和时机

在与下属的言语交流中，幽默的语言固然能够起到积极的沟通作用，但是如果不能选择合适的对象和恰当的时机，反而可能会引起对方的不满和愤怒。比如，在长辈和师长面前，当对方比较伤感的时候，最好不采用幽默的语言，而且应表现得严肃一些。

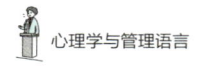

2. 讲究含蓄

幽默不同于别的语言表达方式，幽默讲究含蓄。它不是尖酸刻薄的讽刺，又有别于恶意地嘲笑。人们常常利用幽默对社会上的一些不良现象进行善意的批评，通过"笑"给人以启示。

3. 切勿粗俗

在使用幽默的语言时，要多使用高雅的幽默，切忌粗俗的幽默。高雅的幽默代表着一个领导文明程度的高低、修养的深浅，高雅的幽默能够增强领导的亲和力和感召力。说话诙谐幽默、举重若轻的领导，往往能够得到下属的欢迎和爱戴。

注意自身言行，谨防负面影响

领导者在和下属相处或交谈时，难免有做错事或说错话的时候。作为领导者，如果因为自己的言行不慎而给下属带来精神上的痛苦或是其他方面的损失，那么，领导者就应该及时向下属真诚地道歉，以求得对方的原谅。

如果在发现自己办错事或说错话时，如果不能及时向下属表达歉意或承认错误，任由自己一错再错，这才是最尴尬、最可怕的事情，这样不但不能修补破裂的关系，而且可能导致更大的、更激烈的矛盾出现。因此，领导在和下属相处或交谈时，一旦发现自己做错事或说错话，应该及时向下属致歉，以免矛盾进一步升级。

1754年，还只是一名上校的华盛顿率领部下驻守亚历山大。

有一次，在选举弗吉尼亚州议会会员时，有一名叫威廉·佩斯的人反对华盛顿所支持的人。据说，华盛顿与佩斯在关于选举的一些问题上发生了激烈的争论。华盛顿说了一些冒犯佩斯的话，佩斯便把华盛顿一拳打倒在地。华盛顿的部下立马冲过来，但是华盛顿当场制止了部下，并劝说他们返回驻地。

第二天一大早，华盛顿递给佩斯一张小纸条，要求他尽快到当地的一家小酒店去。

佩斯如约到来。他本来是准备进行一场争论的，但是场面却令他感到惊讶：他看到的不是手枪，而是酒杯。

华盛顿说："佩斯先生，犯错乃是人之常情，纠正错误是件光荣的事情。很抱歉我昨天向你说了那样的话，昨天我的行为是不对的，如果你认为此事可以到此为止的话，请你握住我的手，让我们成为朋友。"

从此之后，佩斯便成了一个对华盛顿十分拥护的人。

华盛顿真诚的道歉不仅赢得了对方的尊重，还赢得了对方的支持。由此可见，道歉并不是什么见不得人或没面子的事情，真诚的道歉反而会给你带来尊重和支持。

道歉也要讲究方法和技巧，以下是在道歉时必须注意的几个问题：

1. 态度要诚恳

领导在向下属表达歉意的时候，首先要求领导的态度必须诚恳。美国著名学者苏珊·杰考比这样说过："在我最初的记忆中，母亲对我说，在说'对不起'时，眼睛不要看地上，要抬起头，看着对方的眼睛。这样，人家才会感受到你的真诚。我母亲传授给我了道歉最重要的原则：必须真诚。你必须专心并且坚定。"道歉并非是一件丢脸的事情，而是真挚和诚恳的表现。

2. 道歉要及时

领导在犯了错误，向下属表达歉意的时候一定要及时，即使不能第一时间表达你的歉意，也要尽早找准时机及时表示自己的歉意。这在很大程度上能够弥补当时因言行不当而产生的后果。

3. 道歉要坦诚

领导者在发现自己犯了错误时，要检讨自己，纠正错误，学会道歉。这是一种美德并且值得尊敬。

因此，不必躲躲闪闪，但也不能夸大其词，否则，下属不仅不会接受你的道歉，而且会心生厌恶，觉得你是虚伪的。

考虑下属特点，合理委派任务

在现代一些企业中存在这样一种现象：领导者动不动就亲自上阵，无论什么工作、无论大小事情都自己干，结果领导者自己常常忙得不可开交，而下属们却不知道该干些什么。这样做非但不能有效地利用企业的人力资源，更大大降低了下

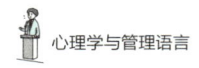

属工作的效率。究其原因，主要在于领导者不知道如何去委派任务。

进行工作分配和授权的主要好处就是能使工作变得容易。因此，领导者不仅要做好自己的工作，还要学会有效地分配工作，只有准确而条理清晰地向下属委派任务，才能使任务得以有效完成。

去过寺庙的人大概都知道，一进庙门，首先映入眼帘的是弥勒佛，笑脸迎客；而在弥勒佛的背面，则是黑口黑脸的韦陀。据说在很久以前，弥勒佛和韦陀并不在一个庙里，而是分别掌管不同的寺庙。弥勒佛热情快乐，所以来拜他的人很多，但他什么都不在乎，丢三落四，不能很好地管理账务，虽然来的人多，但仍是入不敷出；而韦陀虽然在管账方面是把好手，但成天阴沉着脸，太过严肃，结果来拜他的人越来越少，最后甚至造成了香火断绝的局面。

佛祖在检查香火的时候发现了这个问题，于是就把他们放在同一个庙里，由弥勒佛负责接待来朝拜的人，笑迎八方客；让韦陀负责管理财务，严格把关。在二人的分工合作下，庙里呈现了欣欣向荣的景象。其实，这就是委派任务的艺术。

可见，根据弥勒佛和韦陀的不同特点，让他们分处不同的岗位，果然，庙里的香火更加旺盛了。

既然已经明白了委派任务的重要性和好处，领导者就应该掌握在委派任务时说话的技巧。下面总结了一些在委派任务时针对不同下属可以使用的语言技巧：

1. 缺乏信心，不够大胆的下属

一个企业里不乏一些做事情缺乏自信心，不够大胆的下属。领导者在给他们分派任务时，就要特别关照，将任务进行详细的说明。然后，还要激励他们："这个任务，以你的能力完全可以胜任，努力去做吧，你一定能够给我一个惊喜。"这样至少能让他们缺乏自信的精神状态变得振作起来。另外，如果有必要，还可以做一些比较合适的动作。如拍拍下属们的肩膀或后背，这些动作的鼓励是相当有效的。

2."工作狂"式的下属

这种下属最大的乐趣就在于工作，对于任务本身抱有极大的兴趣，从工作任务中可以得到极大的满足，他们的创造力会在工作的过程中得到极大的发挥。

领导者在向这种类型的下属委派任务时，就没有必要将任务讲得过于详细，只需要谦虚地对他们说一句："对这种工作，你是专家，比我在行，就等你的好消息了。"应该把充足的时间和空间留给他们，以便他们展示个人的创造才能。

3. 好胜而自负、进取心极强的下属

这些人有很高的积极性，但同时又很自负、进取心极强。

领导者在给这种类型的下属分派任务时，最好能用话语触动他们那根"好战"的神经，如这样一句话："这个任务对你来说有困难吗？要是感觉力不从心的话，我再考虑一下别人……"这种类型的下属往往不等你说完，就会直接说："等结果吧！"得到他们这样的回答，这个时候领导就可以安心了，因为你的目的已经达到了。

4. 年长的下属

由于他们岁数比较大，精力有限，但是企业或公司需要他们用成熟且老练的技术去完成工作。领导在向这些下属分派任务时，要持有谦虚的态度，切记尊重他们的意见，体谅他们的难处。

在分派任务结束时可以这样对他们说："这个任务的完成最需要的就是你丰富的经验和熟练的技巧，如果有什么其他的意见或问题，希望你及时向我提出来，我会尽我最大能力、最快速度帮你解决。"也许几句谦逊的话会让这些年长的下属的心得以慰藉，从而焕发出干劲和热情。

5."唯利是图"的下属

他们关心的不是任务的本身，而是在完成任务后的所得利益。

领导者在给这种下属分派任务时，最好能够用轻描淡写的态度，必要时可以告诉他们，只有出色地完成任务才是谈论其他东西的前提。

多换位思考，获得下属支持信任

站在下属的立场上去说话，是理解下属的最好方法。一个不能理解下属的领导，同样也不会得到下属的认可。

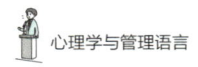

当你和下属沟通的时候，如果能够多说为对方考虑的话，那么，你不仅掌握了一个高明的人际关系交往原则，而且也会因此得到下属的信任，使其对你更忠诚。

王婷是一家公司的市场部经理，一天，王婷由于工作疏忽，没有经过仔细检查，就批复了一位职员为美国某公司生产3万部高档相机的报告。而当产品准备报关时，王婷发现，那位职员早已经跳槽到其他公司了。这就意味着公司的货物一到美国，就会无影无踪，货款自然会打水漂。

这下可把王婷急坏了，一时之间不知道怎么办才好。当她一个人正在办公室里焦虑不安时，老板走了进来，王婷觉得事情不妙，没等老板开口就坦诚地说："这一切都是我的错，我一定会尽自己最大努力为公司挽回损失的。"说完之后，王婷等着老板的指责，可是没有想到的是，老板不但没有发火，反而安慰她说："没关系，没有哪个员工不犯错误。调整一下心态，振作起来，我相信你一定可以帮助公司挽回损失的。"听到老板的话，王婷备受感动，在之后一个月的时间里，她亲自到美国考察了一番，经过努力，她联系上了另外一家客户，出的价钱要比之前那家还高，回来后，王婷受到了老板的嘉奖。

其实在王婷犯错误的时候，老板大可对其狠狠批评一番，但是王婷的老板并没有这样做，他设身处地地为下属考虑，体谅下属，王婷自然会对其更忠诚，对工作上的事情更上心，很快地为公司弥补了损失。因此，作为领导，在和下属沟通的时候，要多说一些为下属考虑的话，这样你的下属才会从内心接受你，并且更加忠诚于你。

其实，如果在做事情之前，双方都能够多为对方考虑一番，领导充分咨询下属意见，并给予指导；下属在工作中多从领导角度出发，及时向领导汇报情况，那么结果肯定会大不一样。

员工虽然是作为领导的下属，但是他们也希望公司可以发展得更好。所以，身为领导，要想做到双赢，就要多说一些为下属考虑的话。

说话因人而异，交流方法因人制宜

作为领导，在与下属说话的时候，也要讲究方式和方法，尤其是针对不同性格、心理的下属，更是如此。不能用一成不变的说话方式去跟所有下属交流，否则就达不到调动他们工作的积极性、引导他们正确行事的目的。因此，领导的说话方式要讲究因人而异。

这一天，孔子和弟子们来到了一个村庄，由于一路上又累又渴，他们就在一片树荫下休息，准备吃一些干粮、喝点水。谁知，在众人没有注意的情况下，孔子的马挣脱了缰绳，跑到庄稼地里吃了农民的麦苗。立刻就有一位农夫冲了出来，上去一把抓住马嚼子，把马扣了下来。

子贡是孔子最得意的弟子之一，他一向能言善辩。看到老师的马被扣，就马上向老师请缨，想凭借自己的三寸不烂之舌说服那位农夫，争取和解，将老师的马讨回来。但是，他说话文绉绉，一张嘴就是之乎者也，将大道理讲了一串又一串。最后，他费尽了口舌，那位农夫还是没有被他说服，依然没有归还马匹的打算。

正在子贡和农夫僵持不下的时候，有一位弟子对孔子说："老师，请让我去试试看吧！"只见众弟子都对他投来了不信任的目光，仿佛个个在说："连子贡都说服不了那个农夫，你又有什么本事？"原来，这个学生刚跟随孔子没多久，是一位新学生，论才干和学问远远不及子贡。只见这位弟子丝毫不在意这些眼光，笑着对农夫说："你不是在遥远的东方种田，我们也不是在遥远的西方耕地，我们离得很近，我的马

吃你的庄稼也在所难免。再说了，说不定哪一天你家的牛也会吃掉我的庄稼，你说是不是？我觉得，我们应该彼此谅解才对。"

农夫听了这位新学生的话，觉得很有道理，于是不再难为众人，把马还给了孔子。这个时候，只见旁边地里的几位农夫议论说："像这样说话才对嘛，刚才那个说的话没有一句能听懂的。"

作为企业的领导，说话时也要遵循同样的道理，要根据不同下属的不同特点，采用不同的说话方式。因为下属也有着各种各样的性格，有的心胸狭窄，有的大大咧咧。总之，领导在说话之前，应该充分了解不同下属的各种特点，然后采取相应的谈话方式，这样就能使具有不同特点的下属都能够接受你的意见或建议。

下面总结了几种不同特点的下属，以及针对这些下属所采取的说话方式，希望可以供领导借鉴使用。

1. 情绪波动很大的下属

这种下属容易情绪激动，他们有时会把领导讲的话听错、听偏。

针对这种下属，领导首先要做的就是稳定其情绪，然后用委婉的语气说出自己的想法或建议，切忌直言。

2. 精于人情世故的下属

他们的注意力没有放在领导说的话上，而是放在了"弦外之音"上。

针对这种下属，领导在与其谈话时，可以重点突出地提醒他们要注意谈话的要点和意义。

3. 有主见的下属

这类下属的特点是精于思维，能冷静地听领导说话，在其谈话过程中分析领导说的话是否有道理。如果他们认为领导的话有道理，他们就能听进去。

面对这类下属，就要求领导在说话时务必有理有据、条理清晰，争取一开口就征服这类下属。

4. 心急的下属

这类下属只想着赶紧得出结论。慢条斯理、烦琐的说话方式是他们最讨厌的。

领导在与有这种特点的下属说话时可以直接明了，无须作过多铺垫，而且要尽量简单，一件一件地说，不能用过多复杂的修饰。这样更有利于被这类急性子的下属接受。

上面简单地总结了四种特点的下属，以及与其对应的谈话策略。当然，具有不同特点的员工不止这四种，希望领导能够多了解下属的不同特点，然后采取不同的说话策略。总之，领导者应该根据不同下属的类型，掌握他们的特点，然后根据他们的特点选择不同的说话方式。

第 08 章

表达关心问候：嘘寒问暖关心下属

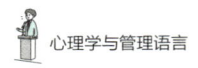

会说话的管理者，更受下属欢迎

那些态度温和、讲究语言美的领导者，不仅能够赢得下属的尊重和理解，还会得到下属的信任和拥戴。

可见，一个领导平日里态度是否温和，说话是否讲究语言美，不仅关系到在下属中是否有好的口碑，还直接影响自己能否得到下属的理解、尊重、信任和拥戴。因此，领导者在与下属沟通交流的时候，态度温和、说话温婉便显得至关重要。

库班·伊休斯是一家家具制造企业的优秀老板。一天中午休息的时候，他看到几个工人蹲在"禁止吸烟"的牌子下面抽烟。面对这些违背规定的工人，库班·伊休斯并没有阴沉着脸、指着"禁止吸烟"的牌子说："难道你们都没有看到这么大的牌子吗？"

相反，库班·伊休斯朝那几个工人走过去，友好地递给了他们几根雪茄,并且态度温和地说:"诸位工友,如果你们能到外面去享受这些雪茄,那我真是感激不尽。"这几位吸烟的工人立刻意识到自己违背了"禁止吸烟"的规章制度,于是,赶紧把烟头掐灭,同时对库班·伊休斯这位老板产生了好感。

库班·伊休斯并没有简单、粗暴地训斥这些犯了错误的工人,而是使用温和的态度和充满人情味的语言,不仅让工人意识到了自己的错误,还赢得了工人的好感和爱戴,可谓一举两得。企业里有这样的领导,又会有哪一位下属不愿意与他共事呢?由此可见,领导者在与下属交谈时,态度温和、语气随和

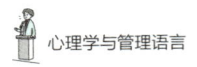

是何等重要。

说话时态度温和、语气委婉、谈吐优雅，这些都是高素质、高修养的表现。在领导者和下属相处的过程中，优雅的谈吐发挥了不可估量的作用。古往今来，和颜悦色、平易近人的领导者无一不受人尊敬。他们语气亲切，措辞委婉，下属与他们交谈时常常备感亲切。即使领导者做错了事，说错了话，当领导真诚地向对方道歉时，对方也会因为他们和善的态度原谅他们，可以这么说，哪怕是领导犯了错，真诚的道歉也能给别人留下良好的印象，更能提高他们的个人魅力，拉近与下属之间的距离。

当人们用温和的语气与对方沟通时，本身就具有一种感染力，对方的心理自然就会产生变化，彼此之间的尴尬也会得到及时的化解，人与人之间的距离也会在瞬间被拉近。

总之，领导在与下属的沟通交流中，要注意自己说话的态度和语气。说话简单粗暴、语气咄咄逼人不是一个优秀领导应该具有的素质，这样说话只会引起下属的反感和不悦。态度温和才能体现一个优秀领导的修养和风度，才能赢得下属的感激和信任，才能拥有良好的人缘、增进与下属之间的情感。

以情动人，拉近心理距离

情感是人类意识的自然流露，虽然人的情感不会像语言或者文字一样可以直接地表达，但是人的一切行为无不带有情感的成分。作为企业的领导者，要想和下属进行良好的沟通，以情动人就是一个好方法。它有助于上级领导和下属之间找到共同点，并在心理上强化这种意识，从而消除一些不必要的隔阂，拉近双方的心理距离。

1923年5月，柯伦泰被任命为苏联驻挪威全权贸易代表。那一年，苏联国内急需大量的食品，柯伦泰奉命与挪威商人洽谈生意。

当时的挪威商人非常清楚苏联的情况，他们准备乘机赚取丰厚的利润，所以报价非常高。柯伦泰竭力与其讨价还价，但是对方根本不让步，即使让步也只是一小步，无奈双方报价差距较大，谈判陷入了僵局。这让柯伦泰心急如焚，他努力思索着，怎样才能以较低的价格成交呢？

这天，他再次与对方交谈，以和解的姿态，主动作出了让步。他十分慷慨地对对方说："好吧，我同意你们提出的价格。如果我的政府不批准这个价格，我愿意用自己的薪水来支付差额。"

听到这样的话，挪威商人感到非常震惊。

柯伦泰继续说："不过，我的工资有限，这笔差额要分期支付，可能要支付一辈子。如果你们同意的话，就这么决定吧！"

就算是经历过这么多的谈判，挪威商人们也从未听过这样的事情，更没见过这么全心全意为国效力的人。他们被柯伦泰的言语感动了，经过一段时间的考虑，商人们终于降低售价，双方最终顺利地签订了协议。

在这次谈判中，柯伦泰的言语算不上精彩绝伦，更没有什么技巧可言。他只是凭借自己真诚的心感动了挪威的商人。正

如人们所说："动人心者莫先于情。"作为一名领导，在和下属说话时，晓之以理，动之以情，才会取得更好的效果。

因此，领导者一定要记住一句话：真诚永远胜于智慧。谈话的时候，只有态度真诚，才能以情动人，引起听者感情上的共鸣。

那么，在和下属谈话中，领导者如何做到"以情动人"呢？

1. 情应该出自"真心"

无论你是一个什么样的领导，只要是从内心深处去尊重下属，那么，你就能够用谦逊的胸怀，发自内心地去发现下属的优点，从而认可他们所作的贡献和拥有的潜力，以一颗欣赏的心去对待他们。你对他们亲近，他们自然愿意亲近你，信赖你，进而把你的事业同样当成是他们的事业。

2. 学会专注地倾听

领导在和下属谈心时要多倾听，而非一味地表达和灌输自己的思想。你在倾听中会得到一些意想不到的东西，了解到下属内心的真实感受，以便日后更好地相处。有些下属也会在谈心时，不经意地说一些对公司的看法和建议，这对领导日后的管理也会起到一定的帮助。

3. 不要代替员工下结论

在讨论下属的一些问题时，领导可以给下属提出一些建议

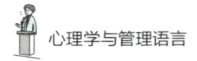

或者预见性的结果，但是最后一定要表明"这些只是个人意见，最终决定还是需要你自己来做"。因为你不可以代替他去思考，也不能代替他去经历人生的每一个历程。

很多领导因为自己经验丰富，而做出一些武断的结论。这会给下属带来很大的压力，好像谈心也需要领会领导的意图，然后才去执行。此时，你应该换位思考，因为一旦你开始主观判断，下属就很难与你敞开心扉去谈心，结果很可能是你独自陶醉在了一场无人喝彩的演说当中。

嘘寒问暖，与下属沟通要以人为本

在企业中，领导只会下命令是远远不够的，关心下属也是领导的一门必修课。在以人为本的现代社会里，纯粹的上下级关系正在被摒弃，关心、爱护、珍惜和尊重人才已经成为社会的主流风尚。在领导者和下属之间的友谊和平等关系，对开展管理工作大有裨益。

领导者只有在情感上积极和下属交流互动，才能有效地管理下属，而从生活上关心、体贴下属则是一个增进彼此感情的绝妙方法。

某家公司的一个部门里，正副经理都是博士生毕业，年龄也差不多，均极富才华。唯一不同的就是一位经理为人和善，善于与员工交流，在日常工作中，对下属恩威并施、分寸得当，在业务上对下属严格要求，从不放松，如果下属偶尔犯了错误，他也常常主动寻找自己工作上的疏漏，为下属着想。每次出差回来，他都不忘带点小礼物，下属们人人有份。如果哪个下属生病了，或者家里出了什么事，这位经理也会嘘寒问暖，令下属十分感动。

而另一位经理则截然相反。他对下属严厉有余，温情不足，有时甚至还有些不通情达理，没有一点人情味。有一天，一位工作非常努力、平时几乎没有迟到过的下属迟到了。这位员工站在经理面前着急地解释说因为母亲得了急病，要送母亲去医院，路上赶上堵车，所以迟到了几分钟。可这位经理仍旧先是对他进行了严厉的批评，然后扣掉了他的奖金，经理的做法让每一个同事看了都愤愤不平。

不久之后，公司内部进行人事调整，富有人情味的经理工作颇有业绩，而且口碑极好，更符合一个高层领导的素质要求，因此被提拔为公司副总经理；而那位严肃冷漠的经理尽管业绩也很突出，但上层领导认为他的管理方式不利于团结员工、留住人才，于是打消了提拔他的念头。没有被提拔的那位经理心里很窝火，在原有位置上又干了半年，下属对他的态度依旧畏而不敬，他自己也感觉干得不舒心，最后只好辞职离开公司。

那位富有人情味的经理，即使官升一级，仍然没有一点领导架子，一如既往地关心、爱护自己的下属，对他们问寒问暖，口碑一直都很好，后来成了公司的骨干之一。

下属的生活状况如何，会直接影响到他的思想活动、精神状态以及工作效率。一个优秀的、高明的领导者不光善于支配下属，更善于在平时的沟通中关心下属。

要注意的是，问寒问暖不只是口头上随便说几句就可以了，还需要领导者做到以下几点：

1. 批评下属时

当下属在工作中出现懈怠或者经常犯错时，不要直接批评，而应该关心地问问他是不是生活上有什么困难，导致最近经常犯错。这样既不会伤害下属，也能让下属意识到自己的错误，而且很感激你对他的照顾。

2. 表扬下属时

当下属为公司做出卓越的成绩时，领导一般都会作出表扬。在肯定他本人的能力时，不妨也肯定一下他身边的人为他作出的奉献，必要的时候还可以给予一些奖励。

3. 平时和下属沟通时

作为一个企业的领导者，应该时不时对自己的员工进行一些感情方面的投资，对他们的生活多一些问候，多一些关心，员工则会对老板和企业忠心耿耿。感情投资，只需要很少的成本，就能得到更丰厚的回报。

从点滴小事入手，对下属表达关心和爱护

领导者对下属的关心，不仅体现在对下属基本需求的满足上，还更多地体现在日常生活的点点滴滴上。

作为一个领导者，如果懂得以热情的姿态，发自内心地关

心下属的大事小情，给他们最及时的问候，会让他们深受感动，能给下属留下平易近人的好印象，更会获得下属的认同和拥戴。这样一来，下属就会在工作中更加积极努力。因此，领导者有必要从小事着手，通过一些小事来表达自己对下属的关心和爱护之情，以达到增进与下属的感情，拉近与下属距离的目的。

安德烈是罗斯福的一名贴身男仆，他和妻子住在一栋小房子里，离罗斯福总统的住房很近。由于安德烈的妻子一向深居简出，所以很少有机会看到野生动物。有一次，安德烈的妻子在跟罗斯福交谈的过程中，问到了野鸭是什么样子的。于是，罗斯福总统就耐心地给她描述了野鸭的模样和习性。

因为这件小事，安德烈夫妇对罗斯福的好感倍增，从此更是对罗斯福敬佩有加，悉心照料罗斯福的生活起居。

还有一次，罗斯福去白宫，可是他并没有直接去客厅和接待室，而是径直走向厨房。他非常和蔼地和每个人打了招呼，就像多年不见的老朋友一样："你好，杰弗森，你看起来精神棒极了！""可爱的休斯，胃口还好吗？还是和以前一样爱喝酒吗？有时间了咱们两个喝上一杯。"

罗斯福的一言一行感动着许多人，在白宫工作了将近30年的老厨师史密斯热泪盈眶地说:"罗斯福总统总是那样热情地关心着他人,在小事上照顾别人的感情,怎么会不受大家的爱戴呢?"

由此可以看出罗斯福总统如此受人尊敬和爱戴的原因。作为一个国家的最高领导,能够发自内心地对身边的人从小事上进行关心,这就使得他在众人心目中不是一个高高在上的总统,而是一个拥有亲和力的人。他的下属们因为他的关心而深受感动,并更加认真地对待工作。

现实中,有很多领导也渴望调动下属的工作积极性,使下

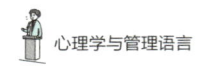

属们更好地服从他们的安排和管理，希望与下属保持融洽的关系，可是他们却苦于找不到实现这些愿望的办法。其实，办法很简单，那就是从小事上关心下属，真诚地关心下属。领导者在对下属表示关心时需要注意以下几点：

1. 关心下属，以下属为本

得人心者得天下。领导者在管理中要尊重和关心下属，以下属为本，多点人情味，使下属真正感觉到温暖，从而甩掉包袱，提高工作的积极性。

2. 不仅要当好领导，也要当好老师

一个优秀的领导者，要想增进与下属之间的情感，关心下属是一方面，给下属一定的教诲也是一方面。比起对自己的关心，一个下属更渴望从领导那里学到一些实用的东西。因此，领导应该在这方面多加注意。如果发现下属比较自卑，就要帮助他建立自信，告诉他"你真的很棒"，如果下属能力有限，就在这方面多多培养他，让他注重提升自己的能力。

做下属的知己，多听听下属的心声

每个人都有脆弱的一面，都会遇到一些伤心难过之事，下属也不例外。作为一个领导者，在生活和工作中应该给予遭遇困难的下属一些安慰。在他们伤心难过的时候，给他们一些安慰，这是为人处世的一种美德，也是领导者应尽的责任。

要知道，每一个下属在遇到挫折之前都是经历过不断尝试和努力的，所以这个时候，领导者首先要做的就是理解他走过的路，了解他在这个过程中所经历的痛苦，让他知道自己被听、被懂、被认可，然后告诉他已经做得够多够好了，这就是一种安慰。

因此，安慰是需要讲一些技巧的，恰当的安慰会让对方从伤痛中走出来，而不恰当的安慰则会适得其反。

在一场灾难中，有一位妇女不幸失去了自己的丈夫，一个人知道后，安慰这位妇女说："我知道，你的爱人死了。没关系，失去了丈夫以后还可以再找。"另一个人对一个刚刚死里逃生的男士说："别伤心了，你已经够幸运了，起码还有胳膊有腿呢。"

他们的行为让受灾者紧紧地闭上嘴，不再表露出任何话语和情绪。

如果说错误的安慰方式就像割裂伤口的刀子，那么，正确

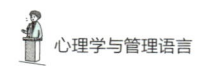

的安慰方式则是对心灵的包扎，大致有以下几方面需要注意：

1. 倾听很重要

每个人的人生经验、家庭背景以及工作性质等方面的不同，对苦恼的理解也会有所不同。因此，领导者在试图安慰下属前，首先要了解他的苦恼，这个时候，倾听就显得至关重要。倾听不是简单的沉默，倾听的过程中，要完全抛开自己先入为主的观念，将自己的想法以及意图全部搁置一边，用真诚的态度全身心投入倾听中。这样，被安慰者才会有一种温暖的感觉，对你产生信任。不仅如此，谈话的过程中应尽量不要插话，一定要让被安慰者将情绪全部宣泄出来。

2. 安慰是同情，但不是怜悯

同情是让你设身处地、将心比心地把别人的不幸当成自己的不幸，从感情上换位思考；同情是彼此站在完全平等的地位上交流思想感情，给对方精神上、道义上的支持，并分担对方的感情痛苦。而怜悯则是一种不平等的思想感情，它是一种上对下、尊对卑、富对贫、强者对弱者、胜者对败者、幸运者对不幸者的感情施舍。

因此，作为领导者，应该记住安慰是同情，但不是怜悯。安慰别人有劝慰也有鼓励，语气低沉而不乏力量，而且尽量不当面说出否定对方能力的词语。

3. 使用一些善意的谎言

善意的谎言有时胜过不该说的真话。在安慰下属时，适时的谎言往往能起到意想不到的作用。

当然，这里所说的谎言是指善意的谎言，其用心肯定也是善良的，其目的在于帮助被安慰者减轻心灵上的痛苦，重新拾起勇气。对于这样的谎言，即使对方后来知道真相，也会感激你，而不是埋怨。因为他是被关怀、爱护的，而不是被欺骗、愚弄的。否则，明知对方精神痛苦，本来就感情脆弱、意志薄弱、身体虚弱，还如实地将他所面临的危机讲出来，对方就有可能因承受不住沉重的打击而十分失落。所以，在这种特殊情况下，与其立即如实相告，还不如暂时隐瞒真相。

当然，作为一名领导者，在实际管理中还是应该以真话占据主导地位，不到万不得已，不要说谎话。

主动承认错误，管理者更应真诚待人

人无完人，每个人都会犯错误。身为领导，当下属犯错误的时候，你希望他能够主动认错；同样，当你犯错误的时候，

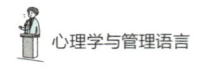

你的下属也希望你能够主动承认错误，检讨自己。勇于承认错误是一个领导者应该具备的素质，领导者的大气魄就体现在主动承认错误和批评自己上。

主动承认错误后，你会发现心情也随之明媚，智慧也随之增加，周围的同事和下属也都很乐意助你成为优秀团队的核心；而如果在自己犯错的时候把责任推给下属，或者千方百计地为自己辩解，这样不仅不能得到别人的谅解，还会受到道德上的谴责和对形象的损害，让你在下属面前失去威信，疏远和下属的距离。

在松下集团，一次，一位下属因为经验欠缺使一笔贷款难以收回，松下幸之助知道后勃然大怒，在大会上狠狠地批评了这位下属，认为他给公司造成了很大的损失。

事后，松下幸之助冷静下来，仔细一想，他为自己的过激行为深感歉意。因为那笔贷款的发送单上自己也签了名，而下属只是未摸准情况，而自己也没有把好审核那一关。既然自己也有责任，就不应该这么严厉地批评下属，想通之后，他马上打电话给那位下属，诚恳地向他道歉，主动批评了自己。当得知下属那天刚好乔迁新居时，松下幸之助立即登门祝贺，还亲自为下属搬家具，忙得满头大汗，令下属深受感动。

到此,事情还未结束,一年后的这一天,这位下属收到了松下幸之助亲笔写的一张明信片,内容是:让我们忘掉这一天吧,重新迎接新一天的到来。看到领导的亲笔信,这位下属感动得热泪盈眶。

领导勇于承认错误,主动批评自己,就是一个了不起的人。事实上,这样的领导一定会受到下属的尊重,从而产生信任。而这个信任会产生一种力量,这种力量会让人信服并且愿意主动追随你,从而拉近与下属之间的距离。

一个好的领导必然会在工作的过程中不断自省,对于自己所犯错误也会坦然承认,并且主动向下属道歉。犯了错而不敢

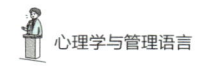

承认是欠缺自信的一种表现，因为一个自信的人会坚信自己不会在同一个地方犯错。而且从另一个角度来讲，如果领导羞于认错，而下属又不敢指正，那么大家就只能眼睁睁地看着错误一再出现，这样不仅会影响团队的竞争力，而且也会阻碍自己能力的提升，影响自己在员工心目中的形象。

因此，最简单、最直接的方法就是在下属面前主动承认错误，自我批评。这样做不仅可以使你不用为寻找掩饰错误的借口而抓耳挠腮，下属也会因此更加信任你。主动批评自己不但不会降低你在下属心目中的威信，反而会增强他们对你的信任。

第09章

点燃下属工作热情：提高语言影响力

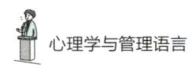

多肯定少否定，激发下属动力

在企业里，每一位认真工作、尽职尽责的员工，每一个在工作岗位上得到或大或小成绩的下属，都非常在乎领导的评价，渴望得到领导给予自己成绩的肯定。可以说，领导的肯定是努力工作的下属最想要的奖赏。

这里所指的肯定，是指领导对下属所取得的成绩给予的一种肯定、赞誉或褒扬。"肯定下属的成绩"是一门艺术，不仅是对下属的一种尊重，也能体现出领导善于发现下属的工作成绩的能力，还能有效地激发下属发扬长处、努力工作的积极性，带动下属的工作动力。

一家化妆品公司新来一位年轻的化妆品推销员，在一次化妆品展销会上她只推销了30美元的化妆品，因此，她感到很失落，情绪消沉。因为30美元确实微不足道，为此她害怕经理会责骂她。谁知，第二天经理得知这个消息之后，非但没有责怪她，还惊讶地说："昨天下午你的营业额达到了30美元，是吗？真了不起！"这个时候，正好有一个女士从旁边走过，这位经理又立即对这位女士说："尊敬的女士，请允许我给您介绍一下我新招收的工作伙伴，昨天下午她的营业额达到了30美元！"说到这里，她停顿一下，然后压低嗓音说："她前两次什么都没有卖出去，可是昨天一下午的营业额就达到了30美元，这是多么值得骄傲的成绩啊！"很明显，这位经理是在鼓励她的下属，肯定她的成绩。

正是因为这位经理的鼓励和肯定，激发了这位推销员的工作热情。几年之后，这位化妆品推销员成了公司最优秀的推销员之一。

假设一下，如果当时那位经理没有及时地对那位年轻的化妆品推销员取得的成绩给予鼓励和肯定，那么，这位推销员可能就会因为"30美元"的成绩而失去信心，更难以成为后来的最优秀的推销员之一。

下属在工作中做出了成绩，无论成绩大小，领导者要及时予以肯定，要让其感到领导时刻在关注自己，并能感受到自我价值的实现。这样做不仅有利于进一步提高下属工作的积极性，做出更好的成绩，对其他下属也能起到鞭策和激励的作用。如果肯定得不及时，时过境迁，下属心灰意冷，这时再去肯定他们的成绩，也就失去意义了。

当然，肯定下属的成绩要讲究一定的技巧，要根据下属成绩影响的大小，采用适当的方法。比如，小到一个眼神，一个手势，或是拍一下肩膀；大到开会进行表彰等。还有就是，对于那些取得了巨大成绩的下属，要趁其才华横溢之时，果断地提拔到更加合适的岗位上。这种及时任用，是对下属工作成绩最大的肯定，无论是对工作，还是对下属个人，都有重大的意义。

但是，肯定下属取得的成绩也不是无原则地肯定，下面总结了几条原则可供领导参考。

1. 肯定时要有诚意

领导在肯定下属取得的成绩时，说话要有诚意，要真心实意。不能虚伪地肯定,让人一看就是惺惺作态,与其这样,还不如不说。

2. 肯定时要有度

在肯定下属取得的成绩时,要掌握一定的"度"。如果对下属的肯定过高,就会使他产生飘飘然的感觉,不利于下属正确认识自己所取得的成绩,或者会让下属感到领导只是在说套话、说大话,因而对领导产生不信任感;如果对下属取得的成绩肯定不足,就会影响到下属工作的积极性。

3. 肯定时不要过于吝啬

有些领导不太注重肯定下属的成绩,尤其是跟自己关系密切的下属,在肯定的运用上就表现得很吝啬。他们认为下属所取得的成绩是他本身该尽的职责,而自己作为领导,心中有数,不用多费口舌。这样的做法同样会挫伤下属工作的积极性。

表达赞赏,调动下属积极性

赞扬能够拉近领导和下属之间的距离,能够激发下属工作的激情和潜能。赞扬在领导与下属的关系中尤为重要,这也是

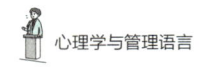

领导肯定和认可下属的一种方式。

领导要知道，打动下属最成功的方式就是真诚的欣赏和善意的赞许。总之，一句赞扬的话能够让下属的士气受到鼓舞，激发无穷的动力。

道格拉斯是一家印刷厂的厂主，有一天，他收到了车间主管转交给他的一份非常糟糕的印刷品，这明显是一位刚进厂不久的工人干的活。这位新来的工人刚上班不久，由于怕自己动作慢，不能按时完成任务，工作时慌慌张张，结果印刷出来的产品大部分不合格。

车间的主管认为这位新工人工作不认真，就狠狠地训斥了他一顿，说如果工人都像他一样不负责任的话，那残次品就会堆积如山了。最后还说，再出现这样的情况就要开除他。

道格拉斯在了解到这一情况后，找到那位新工人说："昨天我看到了你印刷的产品，其实对于新员工来说，印得相当不错，年轻人，你干劲儿很足啊，每天都能按时产出那么多的产品。要是我们工厂里的工人都能像你那样有激情，那么我们就少有对手了。希望你能继续努力，好好地干下去。"

道格拉斯从头到尾没有说一句批评的话，而是给予了他表扬和赞美，他的表扬和赞美对这位新工人影响很大。果然，这位年轻的新工人后来干得很出色。

由此可见，赞扬的话可以改变一个人，赞扬可以奇迹般地激励他人，使其在心理上和生理上都振奋起来。适当的赞美和表扬能够给人一种不可思议的推动力量，甚至改变人的一生。

作为领导者，应该利用使下属积极的东西——重视、欣赏和表扬，强化下属"把事情做好"的意识，这有助于让他们以一种更加积极的心态去对待本职工作。

领导者的赞扬是下属工作的精神动力。同样，一个下属在不同的领导者手下工作，工作劲头可能会截然相反。这与领导者是否善于运用赞扬的激励方法有着密切关系。所以，优秀的领导者一定会多用赞扬的方式来激励下属，这样，下属们在工

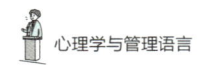

作的时候才会激发出更大的工作热情。

不过，赞扬下属虽说是一件好事，但也并不简单。在赞扬下属的时候，如果不掌握一定的技巧，即使是真诚的赞扬，也未必能取得良好的效果。因此，赞扬的话也要学会巧妙地说，这样才能收到预期的效果。

下面是总结的两条技巧，希望对领导者有所启发。

1. 赞扬下属要实事求是

领导在说赞扬的话之前，先要考虑一下，这种赞扬有没有事实依据，下属听了是否会相信，第三者听了是否会不以为然，一旦出现异议，你有没有证据来证明自己的赞扬能站得住脚。所以，赞扬只能在事实的基础上进行，要实事求是。

2. 赞扬的话要热情具体

在生活中，经常听到漫不经心的夸奖："你的球打得真不错！""你的衣服真漂亮！"……这种缺乏真诚的空洞的赞美并不会使人感到开心，有时甚至会因为你敷衍的赞扬而引起对方的不满和反感。

如果这样说："你的球打得真不错，应该可以进专业的球队了！""你的衣服真漂亮，很适合你这个年龄！"这种更为具体的说法比那种空洞的赞扬更有效果。

巧言激将，激发下属的好胜心

身为一名领导，经常会碰到这样的下属：当你有一项任务，准备交给下属去做时，尽管他有足够的能力完成，但却推三阻四地找出一大堆不愿意干的理由。这个时候，如果领导用"激将法"刺激他一下，则会起到很好的效果。

"激将法"，通常是从反面刺激对方，使其接受建议，从而达到激励的效果。有些时候，因为种种原因，正面鼓动难以奏效，那么就不妨从反面的角度，故意表现出对他的不信任，从而激起他的内在潜力。

刘刚是一家上市公司的副董事长，有一次，在跟同事们聊天的时候，刘刚充满深情地提到了初中的一位老师，并感慨地说，如果没有那位老师当年讲的话，可能就没有自己的今天。同事们都在心里暗暗猜想：那位老师当年讲的肯定是很深情、很有鼓动性的话吧。有一位同事耐不住性子就问了刘刚，结果却出乎大家的预料。

原来，刘刚上初中时整天调皮捣蛋，不好好学习，喜欢跟别的同学打架，还经常顶撞老师，他在老师和同学的眼中就是一个顽劣不堪的学生，家长和老师都管教不了他。直到有一天，他所在的班级来了一个新班主任，他才发生了改变。有一天，他又一次跟别的班级同学打架，还把人家的头打破了，那位新来的班主任怒气冲冲地对他说："刘刚，我看你确实是扶不起的刘阿斗，如果你一直这样，我觉得你今后也不会有什么大作为。"

班主任老师的这番话对当时还只是孩子的刘刚触动很大，他对老师的话感到相当气愤。于是，他在心里暗暗跟老师打了个赌，自己非要干出一番事业来让老师看看，拿成绩证明老师是错的。于是，刘刚决定改掉所有的坏习惯，好好学习。

最后，刘刚通过自己的努力，终于获得成功。那时，他才真正明白老师当年说那番话的良苦用心。

上述故事是一个使用"激将法"的典型例子。班主任老师抓住刘刚的叛逆心理，狠狠地迎头泼上一盆冷水，打击他的情绪，这让刘刚在愤怒之下爆发出巨大的力量，从而有了现在的成就。

"激将法"已成为现代企业管理中激励员工发挥潜能的方法之一。激将法好用，但要想用好却有讲究。领导在使用激将法时应该因人而异，要避免试图一蹴而就的做法，这也是确保激将法产生效果的关键。否则，如果忽视下属的客观差异运用失当，反而会产生副作用。

因此，领导在使用"激将法"激励下属时，要把握以下两个原则：

1. 选择好对象

"激将法"有一定的适用范围，它主要适用于那些社会经验、人生阅历不太丰富，或者容易感情用事的下属。对于那些老成持重、社会经验丰富、办事稳重的人，"激将法"就难以发挥作用。

另外，要注意的是，"激将法"不适合用在那些性格内向、自卑感强、做事谨小慎微的下属身上。因为那些下属往往心理承受能力较差，过于刺激的语言会被他们误认为是对自己的嘲笑、挖苦，很有可能因此对领导心生怨恨。因此，选择好对象是领导使用"激将法"要把握的第一原则。

2. 注意言辞的分寸

领导在使用"激将法"时，还要注意语言的分寸。如果语言过于刻薄，容易使下属形成反抗的心理。如果语言过于无力，不痛不痒，就难以让下属的情感产生震撼。因此，领导在使用"激将法"激励下属时，一定要掌握好语言的分寸，既不要太过，也不能无力。

制订工作目标，切记具体可行

每一位下属都需要成就感，都希望不断获得成功，而成功的标志就是达到预定目标。有了目标，下属工作的时候才会有奔头，才能产生奋斗的动力，这也是采用目标激励法最大的作用。

目标作为一种满足人的需要的外在物，对人们的积极性起着强烈的诱发、引导和激励作用，并可以调节人们的行为，把行为引向一定的方向，使人们获取心理上的满足。

有一位心理学家做过这样一个实验，安排了甲、乙、丙三个10人的小队分别步行20千米到达三个不同的村庄。

甲小队不知道要去的村庄的名字，也不知道要走多远的距离，道路的两边更是连一个指示标志都没有，后面的队员只是跟着前面带队的人往前走。结果，仅仅走出去四五里路，队伍里就有人叫苦不迭，领头的人提醒队员们再坚持坚持，但是继续往前走了四五里路，有几个队员实在坚持不了了，说什么也不往前走了。结果这个小队的人越往后走，情绪越低落，最后到达目的地的人寥寥无几，而且每个到达目的地的人都显得疲惫不堪。

乙小队知道大致的路程，沿途仍没有任何指示标志。他们已经估计出需要走多久，谁知道在走了一半的路程之后，也有队员开始叫苦不迭，问领队的人还要走多远的路。由于没有指示标志，领队的人也无法告诉这些队员确切的信息，只能凭借经验说可能还有一半的路程。于是，队员们又坚持朝村庄走去。当走到距离村庄还有1/5的路程时，又有队员开始闹情绪了，觉得这条路总是走不到头，越走越疲劳，于是就有很多队员选择放弃。最终到达村庄的只比甲小队多两个人。

丙小队不仅知道村庄的名字，还知道要走多远的路，并且路边每一公里处都有指示路牌，告诉人们剩余的距离。队员们一边走，一边留意指示路牌，每走1公里，心里就是一阵小小的快乐，然后再朝着下一个目标指示路牌走去，所以他们的情

绪都很高涨，并且忘记了疲惫。走了15公里时，才有队员感到有点累，但他们并没有叫苦不迭，更没有队员说放弃，反而相互鼓励、搀扶，继续向前走。最后3公里村庄隐隐若现的时候，队员们已经完全忘记了疲惫，越走越快，最后所有队员都到达了目的地，并且彼此拉着手欢快地跳起了舞蹈。

通过心理学家的这个实验不难知道，人的行为有没有目的性，其结果是完全不一样的。人的行为一旦失去目标的指引，就会非常容易引起身体疲劳、情绪低落和心理上的不适应，即使最终达到了目标，人们也不会产生满足感。而有了明确的目标，并且把自己的行为与目标不断对照，清楚地知道自己与目标之间的距离在不断缩小时，人们就会产生强大的动力，获得更大的满足。

在现代企业管理中也是一样的道理。如果下属连自己的工作目标都不明确，就失去了奋斗的方向，失去了目标的指引，那么就不会产生满足感，更容易滋生压力，导致出现一系列的心理问题。相反地，如果下属有了明确的目标作为指引，那么就会自然而然地产生实现目标的动力，心理抗压能力也会增强，目标实现后还能以更高的热情继续投入工作。这样一来，就会形成一个良好的连锁反应。因此可以说，目标也是一种对下属最大的激励。

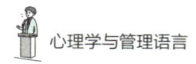

那么，领导在为下属设立目标时，如何才能设计得合理、科学呢？

1. 目标要具有可行性

领导在设定目标时要注意目标的可行性。换言之，目标实现的可能性的大小和目标的实现对于下属本人价值的大小。如果，领导设定的目标可行性比较大，并且目标的实现对下属本人的价值也很大，那么，这种目标的激励作用就越大。反之，当下属的需要与目标存在差距时，他们的心理就会处于紧张状态，激励的作用反而越小。

例如，某公司的员工一个月的平均工资是6000元，而公司最近的效益又不太好。这时，领导不妨告诉员工："虽然公司目前效益不好，但是我要告诉大家的是，只要这个月我们公司的效益和上个月持平，我就给大家发红包！"这样可行的目标更容易激起员工的士气。

2. 目标要具体明确

领导设定的目标越具体明确，下属工作的效果就越容易达到最大化，反之，就会出现下属动力不足的情况，即使下属拼尽全力，可能取得的结果也不是公司想要的，这样一来，下属的积极性反而会削弱。告诉下属"下个月我们的目标是1000万！"要比"下个月我们一定要做更多的业绩！"更能激励下属。

3. 目标的实现要有阶段性

领导设置的目标如果能够轻易地被下属实现,也难以吸引下属,激发不出他们足够的热情和干劲。如果目标的难度非常大,下属会因此失去信心也不会感兴趣。例如,在告诉下属一个5年规划的同时,也要把这个目标分成几个阶段,让下属能够一步一步地去实现。

不必苛刻,对下属多些宽容之心

宽容是一种很好的"驭人之道"。对下属管理得当,就会起到很好的激励作用。作为领导,不仅要有宽容之心,还要会说宽容的话,要从全局出发,用发展的眼光看待问题,用宽容的心面对下属所犯的错误,并且多给下属一些鼓励,通过说一些宽容的话激励员工,来达到激发工作热情、提高工作效率的目的。只有宽容才会让下属工作更有信心,才会让下属对领导有一种真正的感激,从而加倍努力工作。

对待下属和员工的错误保持宽容是一个优秀领导者的美德。

有一位表演大师，有一次在上场前，他的弟子告诉他鞋带松了。大师点头致谢，蹲下来仔细系好。等到弟子转身后，他又蹲下来将鞋带松开了。有个到后台采访的记者看到了这一切，不解地问："您为什么又将鞋带解松呢？"大师回答道："因为我饰演的是一位劳累的旅者，经过长途跋涉以致鞋带松开了，通过这个细节可以表现他的劳累状况。""那你为什么不直接告诉你的弟子呢，难道他不知道这是表演的真谛吗？""他能细心地发现我的鞋带松了，并且热心地告诉我，我一定要保护他这种热情的积极性，及时地给他鼓励，至于为什么不当场告诉他，我想以后教育的机会将来会有更多，可以下一次再说啊。"

这位表演大师并没有因为弟子看不出自己的用心而责怪他，而是对他的错误保持宽容，并且对他的细心进行了感谢，可谓别具匠心。这样既没有打消弟子以后细心面对生活的热情，又为日后的教育作了良好的铺垫。

做个有宽容之心的领导者，这样会让下属发自内心地感激你。领导者应该清楚每个下属的能力，不能总以一成不变的目标或自己的标准来要求下属。当然，对下属严格要求也是必要的，因为严格要求和宽容待人是不矛盾的。严格要求即是指领导者要为下属制定高标准的工作要求，而宽容则是指在下属犯错误或因为某种原因没有按时完成工作时领导应该对他们采取的态度。假如一个领导者总是盯着下属犯的错误，就会大大打击他们工作的积极性，这对企业的发展没有丝毫的好处。

一个优秀的领导者在下属犯错时，是不会一味地责怪或批评的。他们会用宽容来面对下属的错误，变责怪为激励，变惩罚为鼓舞，让员工在接受惩罚时怀着感激之情，进而达到激励员工的目的。每个下属都是需要鼓励的，有鼓励才能产生动力。批评的同时给予适当的肯定，把握好"度"，你将会成为一名出色的领导者。

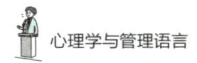

利用竞争机制，调动工作斗志

处在如今这个竞争激烈的社会，竞争不仅是企业生存的最大武器，同样也是激励员工向上的绝好方式。"马儿眼见就要被其他马儿超越时跑得最快。"在员工之间注入竞争意识，巧妙地利用他们的好胜心理，可最大化地激发他们的工作热情，满足他们想获胜、拔尖、成为优秀者的愿望，进而让员工发挥自己的最大潜能。

丹尼尔斯是一家炼钢厂的老板，不过最近钢厂的生意不是很好，因为钢厂的工人们总是完不成定额任务。

于是，丹尼尔斯到生产车间找到负责生产的经理询问："像你这么有能力的经理都完不成工厂的任务，那应该怎么办？"

"我也不知道，我现在已经黔驴技穷了。"这位经理回答说，"我已经好言好语鼓励过这帮工人，我也想方设法劝告过他们，还骂过他们，甚至也用开除来威胁过他们，但是都没有效果，他们还是照样完不成任务。"

他们谈话的时间正巧白班即将结束，而夜班还没有开工，"给我一根粉笔，谢谢。"丹尼尔斯说，然后他转向离他最近的一位工人并问他,"你们今天白班炼了几炉钢?"

"6炉。"这位工人回答说。

丹尼尔斯什么话都没说,他拿起手中的粉笔在墙壁上写了一个大大的"6"字,转身就离开了。

白班下班时,夜班的工人正好进来,看到墙壁上大大的"6"字,就问白班的工人怎么回事。"今天老板来我们这里,"白班工人说,"他问我们今天白天炼了几炉钢,我告诉他6炉,于是他就用粉笔在墙壁上写下了这个'6'字。"

第二天早晨,丹尼尔斯再次来到这个炼钢的车间。夜班工人把墙上的"6"字擦掉,重新写了个"7"字。白班工人看见

夜班工人在墙壁上写了个大大的"7"字，知道夜班工人想显示他们的成绩比白班好。所以白班也想超过夜班，他们就热火朝天地大干了起来，到了交班的时间，他们竟然在墙壁上写下了个大大的"10"字，此后一班胜过一班。

于是，在相当短的时间内，这个原本生产落后的炼钢厂转变成了一家生产位居前列的炼钢厂。

领导者应该充分利用员工的好胜心理，多使用竞争激励的方法，让每一位员工都有竞争意识并积极参与到竞争中来，这样做不仅可以让员工产生高昂的斗志，就连企业也会保持活力。换言之，只有良性竞争，员工才能士气高涨，企业才能长久生存下去。

领导者可以在企业中举行各种各样的竞赛，如销售竞赛、服务竞赛、技术竞赛等，并公布竞赛成绩，奖励获胜者；公开竞选，对各种职位竞选。还有一些"隐性竞争"的方式，如定期公布员工工作成绩、定期评选先进员工等。领导者可以根据自己公司的具体情况，不断推出新的竞争方法。

另外，领导者在实行竞争激励时，要避免恶性竞争的出现，一旦出现恶性竞争，势必会破坏团队精神。企业的成功依赖于全体员工的团结，而不正当的竞争则足以毁掉企业赖以生存的根基，更谈不上激励员工了。那么，如何才能避免恶性竞争的出现呢？以下总结了几点方法，希望对领导们有所帮助。

方法一：对员工进行团队精神的教育，要让员工们明白：竞争的目的是团队的发展，而不是"内耗"。

方法二：创造一个富有竞争性的共同目标，并且只有员工团结合作才能够达到最终目标。

方法三：对竞争的内容、形式进行慎重的选择，剔除易产生彼此对抗、直接影响对方利益的竞争项目。

方法四：创造或找出一个共同的威胁或对手，如另一家同行业的公司，借此转移员工们的对抗情绪。

综上所述，领导者在利用员工的好胜心理进行竞争激励时，一定要避免出现恶性竞争，积极引导员工进行良性竞争，只有这样才能更好地激发员工的热情、干劲和斗志。

第10章

化解工作矛盾：利用心理技巧让氛围更和谐

化解矛盾需要对症下药

领导者与下属相处的过程中、下属与下属之间的相处过程中都会产生矛盾和各种问题，这是正常现象。重要的是，出现矛盾和问题要及时解决。作为领导者，究竟该如何解决问题，化解矛盾呢？其实，能不能及时、恰当地解决问题和矛盾，关键在于要分析清楚，找到主要矛盾，或者说对问题有准确的界定，准确找到矛盾的症结所在。这样才能对症下药，有的放矢。

骆驼村坐落在偏僻的山脚下，村子里有两户人家，一家姓陈，一家姓李。开春的时候，李家在陈家房屋的一侧准备盖新房，打完地基后准备砌墙，原料需从陈家侧墙旁边运入。不巧的是，陈家墙边有一条排水沟阻隔，必须把沟填平，拖拉机才能通过。一天上午，李家没有跟陈家商议，就把那条排水沟填平了。中午，陈家的三个儿子回家之后发现排水沟被填平了，顿时怒从心头起，便拿起锄头、铁锹，要把排水沟重新挖开。李家父子三人发现后立即前来阻拦，互不相让，在旁边劝说的邻居不在少数，但都无济于事。

就在此时，一位大约50岁的长者站了出来。两只手各拍着陈家、李家大儿子的肩膀说："年轻人血气方刚，生活中产生矛盾在所难免。不过，我不得不告诉你们，不要喜事未成，悲剧先演啊！"然后走到李老头身边说："老头子，我看你福气蛮不错嘛！你看，你的两个儿子身强力壮，新屋不久就可以建成，再娶进两个儿媳妇，那真是多喜临门啊，但如今一旦动起武来，却是两败俱伤，这是多么恼人、多么不吉利的事情啊。"

然后，他又转头对陈家的三个儿子说："你们的心情可以理解，填平水沟，下雨时雨水就会漫入你们家。不过，建房造屋，一辈子能有几次呢？大家都在一个村子里住着，彼此应该有个谅解和帮助嘛！更何况，以后你们就是邻居了，远亲不如近邻啊，更应该有个照应才是。为了这么一条排水沟，你们大闹一场，以后见面是啥滋味？我看大家就不必计较这些了。"老人家顿了顿，然后对陈家的三个儿子说："你们就让他们把原料先运进去，运完后，他们一定会把排水沟恢复回来。如果这两天下雨，我相信老李家绝不会袖手旁观的，一定会采取临

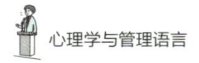

时性的排水措施的。"

陈家和李家都觉得老人家说的话有理，于是都点头同意了。一场即将发生的冲突就这样被这位老人家化解了。

从这位老者化解矛盾的过程不难看出，老先生巧妙地使用了说话技巧，使两家都产生宽容心理，最后提出合情合理的解决方案，使矛盾得到了完美的解决。

因此，领导者在解决矛盾的时候，不能盲目，必须讲究策略。应该先认真分析，做好对矛盾的界定，找到矛盾的症结所在，然后针对该症结采取相应的措施。只有这样，矛盾才能够得到完美的解决。

有些领导在处理自身与下属之间，或者下属与下属之间的矛盾时，往往操之过急，总想使矛盾尽快得到平息或解决，于是在没有找到矛盾症结所在的情况下，就慌里慌张地着手解决矛盾。这样做常常会使矛盾非但得不到很好的解决，还有可能进一步破坏矛盾双方的关系，使情况进一步恶化。所以，领导者在面对已经发生的矛盾时，要切记：矛盾不可怕，只要找准产生矛盾的症结，矛盾解决起来就是轻而易举的一件事情。

幽默表达，风趣的管理者更受人欢迎

在日常工作中，领导和下属避免不了因为工作上的问题或意见不统一而发生矛盾，如果领导仗着自己的身份，不分轻重地直言以对，很容易伤了和气。尤其是在面对一些分不清楚有意还是无意的言语冒犯时，有时需要用技巧"挡"回去，于是应对的技巧就显得尤为重要，而巧用幽默就是一种很好的管理技巧。

一辆行进中的公交车，由于司机的紧急刹车，导致全车的乘客猝不及防，车厢里一位男子撞到了一位女孩身上。

这位女孩看起来非常生气，便冲着那个撞她的男子骂了一句："德性！"

可是那位男子并没有生气，而是立即对这个女孩子解释道："对不起，这和'德性'无关，这只是'惯性'。"

顿时，这位男子的一句话引发全车人的大笑。"德性"是骂人缺德，这位小伙子当然知道，但是在这种场合一本正经地对小姑娘解释，或是回敬她一句更不好听的话，很可能引起两个人的争吵。而这样一句"惯性"既是对自己没有站稳的科学解释，又是对姑娘难听话的最好纠正和回敬。车上的乘客纷纷对这位男子竖起了大拇指。

果然，姑娘听后也不再生气，反而对这位男子微笑并报以歉意。潜在的"风波"被男子幽默的语言化解了。

通过这个故事，我们可以感觉到，幽默不仅是一种性格的表现，还是一种高明的处世哲学，它能有效地化解人与人之间的矛盾，使之归为和气。

由此可见，幽默的力量是无可替代的。幽默是人际关系的润滑剂，更是一座沟通领导与下属心灵的桥梁，与幽默的领导相处，每一位下属都会感到快乐。领导者可以使用幽默的语言来化解与下属之间的矛盾，这样做不仅不会伤害与下属之间的感情，同时还能捍卫自己的利益和尊严。因此，对于领导来说，掌握幽默的语言技巧，巧妙地运用幽默的力量，就等于找到了化解与下属之间矛盾的一把钥匙。

以下是一些展现幽默的方式，可供领导们在日常中多多利用：

1. 自嘲的方式

自嘲，就是自我解嘲。幽默里有一条重要原则，就是宁可取笑自己，也绝不轻易取笑别人。有一位名人说过："笑的金科玉律是，无论你想笑别人什么，先笑你自己。"换一个角度来讲，自嘲，其实也是一种自信的表现，本身就是一种幽默。

当领导和下属发生矛盾的时候，采用自嘲的方法能够起到很好的调节矛盾的作用。

2.幽默要表达的是善意

友善的幽默表达的是真诚友爱，它能拉近人与人之间的距离，填平彼此之间的鸿沟，是和他人建立良好关系的不可缺少的纽带。当一个人与他人关系紧张时，即使到了一触即发的时候，幽默也可以使彼此摆脱不愉快的窘境，缓和彼此之间的矛盾。

幽默化解矛盾，让争端在轻松一笑中解决

人与人之间相处，常常会因为利益、立场、观点、地位的不同而处于相互对立的位置上，这个时候说话难免会产生争端，气氛紧张，这时候就要求我们学会使用一些语言上的技巧，使气氛慢慢缓和，这样能避免双方因感情用事使对话无法继续，从而使双方的关系不至于弄僵。

当然，不只是幽默具有缓和气氛、解除紧张关系的作用。如果两个人之间的矛盾刚刚发生，或是已经过去了一段时间，

那该怎么办呢？

伊丽莎白和约翰是兄妹，在节日的聚会上，他们为了两星期前一件微不足道的小事吵了起来，并且还升级为了一场大战。现在，他们见面都不说话，但伊丽莎白还是想和哥哥和解，于是伊丽莎白就主动给哥哥打电话说：

"哥哥，我是伊丽莎白，我想真诚地对你说一声对不起，那天全是我的错。我一直很尊重你。那天我一时激动，想都没想就和你大吵大叫起来，你能原谅我那天愚蠢的行为吗？"

约翰说："当然，伊丽莎白。那天也不全是你的错，我也感到很抱歉。"

约翰已经知道了不全是妹妹的错。当伊丽莎白主动揽过所

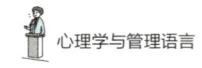

有的责任时，她就已经表现出了自己的承诺和诚挚，这也就迫使她的哥哥约翰也开始检讨自己在这场争论中的责任。伊丽莎白采用聪明的解决方式有效地消除了对方的戒备之心，并很快地缓和了双方紧张的气氛，使二人和好如初。

有时候，领导在与人交流过程中会出现僵局，双方都坚持己见，相持不下。这时，一个优秀的领导应努力保持冷静，设法缓和谈话气氛，或改变话题，甚至可以暂停止谈话，待时机合适再进行。

要打破僵局、缓和气氛并不是一件容易的事情，这要求领导者不仅要具有智慧，而且应有涵养和风度，不要怕被拒绝，想方设法地与对方建立心理相容关系，拉近双方之间在心理上的距离。具体来讲可以这样做：

1. 主动承担责任

当你主动承担起全部责任而不是指责对方时，你就掌握了迅速打开双方关系大门的钥匙。

向对方解释问题的严重性，不要指望双方把责任划分得那么明确。如果有必要，你可以有意识地承担更多责任，你身上的责任越重，态度越真诚，对方对你也就越宽容。这样一来，紧张的气氛自然就会得到缓和，为矛盾的进一步解决营造良好的氛围。

2. 请求原谅

诚恳地请求对方原谅，让对方处在一个主动的位置上，这也是弥补错误的一部分，这样才有可能巩固你和对方和平相处的关系战略。

3. 主动示好

通过赠送对方一件或轻或重的礼品，向对方表明立场：为了维护良好的友谊，你已经花费了许多的心思、时间和精力。

照顾他人面子，化解矛盾赢得尊重

在生活中，这样的情况随时可见：一句话说得不留神，也许就伤害了别人的自尊心，使人下不来台。被你伤了自尊心的人自然不会善罢甘休，那么，很快就可能会有一场矛盾或危机爆发。即使你最后赢了这场争执，但也损害了自己的形象。

在企业中，很多下属把面子看得很重要。在遇到矛盾时，领导者如果不懂得为下属保留一份尊严，不给他台阶下的话，只会使矛盾愈演愈烈。下属也是一个普通人，也有做错事、说错话，甚至得罪人的时候，作为领导，如果只知道斤斤计较，

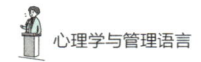

只会使事态变得越来越严重。其实，在很多时候，领导者不妨帮助下属找一个"台阶"，一个犯错的理由，帮助对方保留一份属于他自己的尊严，这样反而能使对方产生愧疚感，自动改正错误，悄然地解决矛盾。

有一天刚下课，班上的一位女同学就来找崔老师反映，昨天她丢失了一支黑色派克钢笔。崔老师听完后，就站起来环视了一下教室里的学生，发现坐在这位女生旁边的一位男生神色慌张、脸色苍白。

此时，崔老师大概已经知道了事情的真相。但她并没有当着全班同学的面指出来，一是没有证据，二是怕伤害了那位男

生。崔老师沉默了一小会儿,说:"别着急,我想应该是哪位同学拿错了,主要是黑色的钢笔在班里太多了,不小心拿错了也正常。我想,只要一会儿错拿你钢笔的人发现了,肯定会还给你的。"果然,在第二堂课的下课期间,这位女同学的派克钢笔又回到了她的桌子上。

可想而知,如果崔老师当着全班同学的面询问那位男同学,不仅会伤害到一个小孩子的尊严,还会给他的心灵蒙上一层阴影,甚至会对其一生产生影响。

领导者也是一样,在面对下属的错误时,不能始终抓住他的失误不放,也不能小题大做,否则会让对方感觉自己丧失尊严。

优秀的、聪明的领导者往往都遵循这样一条原则:"要始终努力使别人感到他被尊重。"那具体如何做呢?

1. 不在争论中抢占上风

真正优秀的领导是很少与人争吵的。如果你与人争论,尽管有时也会胜利,但是这样的胜利毫无意义,因为你没有赢得争论对手对你的友善态度。一场争论的胜利与别人发自内心的支持相比,孰轻孰重,领导者应该很清楚。

领导者还要明白的是,能"讨论"的时候绝对不要"争

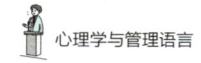

论"，尽管只有一字之差，但是效果却千差万别。

2.善于帮助别人找台阶

不管在什么样的情况下，一个聪明的领导者应该给下属留有尊严。如果下属不小心冒犯你，不妨大度点，不要事事斤斤计较，更不要反应过激。只需要指出错误所在即可，不要使其难堪，甚至伤其尊严。

调解矛盾，务必要客观公正

每个下属的性格、年龄、个人习惯、期望、价值观和工作风格等都有所不同，所以下属之间产生矛盾或冲突是在所难免的。

当下属之间产生矛盾时，双方都会心情不好，整个团队就有可能被一种充满敌意的氛围所笼罩，双方工作上的积极性也会因为矛盾而降低，甚至会影响到整个团队的工作效率。因此，领导者在下属之间产生矛盾时，应该及时加以关注并适时调解，并且在处理这种矛盾时，必须做到不偏不倚，客观公正，一碗水端平。

小夏是一家大型电器公司的生产计划员，负责制订生产计划以及跟进工作。有一次，采购员小莉订购的一套物料未按期交货，影响了生产进度，导致生产计划未能如期完成。小夏一时生气，加上她性格比较直爽，心直口快，所以就与采购员小莉发生了激烈的争吵。幸亏周围的同事及时拉开她们，才避免了二人之间的矛盾进一步升级。

但这件事情并没有结束，在日后的工作中，小夏和小莉二人互存不满，明争暗斗。二人作为同一部门人员，在一起办公，抬头不见低头见，每天都要打交道，还要配合完成工作，如此下去，往后的工作怎么能够顺利开展呢？

王经理决定介入此事，对两个人进行劝和，调解二人的矛盾。王经理不愧是商场管理层的骨干，采用的劝和方式也与众不同。他私下里分别找小夏和小莉进行了谈话。他首先找到小夏，对她说："我刚才已经找小莉谈话了，她对你们之间的矛盾冲突表示歉意，让我帮忙说声'对不起'，希望你能原谅她，以后还要一起工作呢。"

王经理这样一说，小夏就赶忙说："哦，这是真的吗？其实，我做得也不对，都怪我太冲动，没有控制好我自己的情绪，要说抱歉的话应该是我先说，也希望她不要记恨我，以后好好合作。"

王经理从小夏那里出来紧接着就去找小莉，并将小夏的那番话转告给她，小莉感到很惊讶，赶忙向王经理说："那次冲突主要是因为我的错才导致的，我要负主要责任，她能原谅我，我真的很感动，我保证日后好好跟她相处。"

最后，王经理把小夏和小莉叫到一起，让她们握手言和。就这样，两下属之间的矛盾就被王经理解决了。

对于下属之间产生的矛盾或冲突，领导者如果不去调节，甚至无动于衷，拖得越久，矛盾就越难以解决。如果双方在公共场合发生争执，对其他下属之间的正常关系就会造成不良影响，甚至影响到整个团队的工作热情和工作效率，对企业的长远发展是极为不利的。因此，尽快化解矛盾和敌对状态，是极为必要的。

矛盾要及时地解决，但是在解决的时候必须注意几个问题：

1. 要找出矛盾产生的根源

当下属与下属之间爆发矛盾时，领导者要在第一时间弄清楚产生矛盾的主要原因，这样才能对症下药。另外，领导者还要了解矛盾发生的过程和激烈程度以及造成的影响。

2. 坚持"不偏不倚"的处理原则

领导在处理矛盾时要做到心里有数，"一个巴掌拍不响"，矛盾肯定是双方共同造成的，不可能是单方面的原因。因此，在处理时，要秉持"不偏不倚"的原则，要公平公正地对待制造矛盾的当事人，一碗水端平，不能因为个人的喜好而偏袒任何一方。

如果不注意说话技巧，言语中对任何一方流露出了偏袒之意，就会使另一方感到不服，很容易激化矛盾，使矛盾更加复杂，不利于解决矛盾。这也是处理矛盾时应该坚持的重要原则。

做好协调沟通，保证工作有序进行

在现在很多企业中，部门内部、部门之间不协调、不畅通的现象也比较常见，尤其是在一些大公司或大企业中更是司空见惯，特别是当某个部门需要其他部门配合工作时。之所以会出现配合不协调的现象，主要原因就在于领导者没有调整好部门内、外部关系。

要使企业或企业内部各个部门运行通畅，领导者必须协调好部门内部、部门与公司、部门与部门之间的关系。这也是领导者必须承担的一项职责。

徐薇作为总裁秘书，被任命为这次元旦招待宴会的协调监督人，全权负责这次活动的协调工作。

这一天，徐薇正在上班，销售部楚经理气冲冲地闯进了总裁办公室。

楚经理稳定了一下情绪，说："你得好好跟餐饮部的人说说。今天我们销售部请来了几位重要客人，需要重点接待，可是餐饮部王经理只派了几个人，那怎么够啊？她居然说我小题大做！还说，餐饮部也不归销售部管，何况销售部也有人手，怎么不派自己人接待！你说，餐饮部被安排接待工作，我不找他们找谁啊？"

徐薇听完楚经理的话，劝说道："您先别生那么大的气，可能王经理也有她的苦衷，搞好接待工作最重要。我一会儿找一下餐饮部的王经理，看看问题出在哪里。"

送走了楚经理，徐薇心想：现在的主要任务就是让这两部门紧密合作完成今天的接待任务。其他事情等宴会结束再说。于是，她拨通了王经理的电话："你好，王经理吗？我是徐薇，您现在有时间吗？我想找您说点事，希望您能来我办公室一下。"

不一会儿，王经理风风火火地赶来了。

徐薇递给她一杯茶，"刚才销售部的楚经理来过了……"

"什么？我还没有说话，他还恶人先告状了。他说什么了？"

"也没有说什么，只是说今天的接待工作你们还没有协调好。"

王经理气愤地说："徐秘书，你说这能怨我吗？我把我手下的人都派出去了，里面的服务怎么办呢？何况我手里的人手本来就不够。"

徐薇笑着说："其实你误会楚经理了，他之所以安排你们餐饮部的人去接待，主要是考虑你们的形象好。他刚才还跟我说，当时他太急了，没有跟你讲清楚，让你误会了。"

"是吗？他也知道是自己不对了？"

"当务之急是做好今晚的接待工作，就请你多派几个人帮

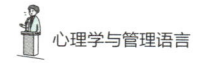

忙接待一下。大家都是为了工作，多担待点吧。还有我现在就协调其他部门的人过去帮你们。好吧？"

王经理也没有继续计较，应了一声就走了。

在各个部门的密切配合下，一场盛大的招待宴会圆满结束。徐薇长长吁了一口气。

在企业中，各部门由于在执行公司决策时所处的地位不同，认知的角度不同，往往会从本部门的团队利益出发，对公司的决策产生片面理解或者一些不妥当的想法，从而导致部门之间发生矛盾，造成合作上的阻碍。这个时候，领导者可以通过信息传递或开会等方法协调这类矛盾，提醒各部门要以大局为重，以保证任务的按时完成。

由此可见，企业目标的实现，必须通过各个部门、不同人员的共同努力才能达到。因此，领导者必须对企业内外各方进行组织和协调，使参加各方有分工、有配合，协调一致地做好工作，领导者有责任根据公司的决策组织和协调各部门间的工作。

下面是领导者在协调各部门关系时应遵循的几条原则：

1. 调查原则

领导者在做协调工作之前一定要调查清楚引起不和谐的原因。否则，你的协调工作就很难有效，还可能引起新的不满。

因此，领导者在协调各部门关系时，一定要实事求是，调查清楚状况后再做工作。

2. 统筹兼顾原则

企业中，部门之间产生矛盾或不和谐，多半属于整体利益和局部利益之间的矛盾。如果一味追求局部利益，部门之间就很难真正合作，甚至不能完成领导者的决策目标。

因此，领导者在做协调工作时，要善于引导各部门树立统筹兼顾的思想，团结一心做好工作、完成任务，达成预定目标。

3. 公正合理原则

公正合理地协调各部门间的关系或矛盾是一条极为重要的

原则。领导在做协调工作时，不仅要明确协调的目标，还必须公正、合理地协调，才能赢得双方的信任，进而协调双方的关系，解决双方之间的矛盾。

参考文献

[1] 惠转宁,赖华强.领导与管理口才[M].广州:暨南大学出版社,2015.

[2] 刘相阳.实用管理口才与技巧[M].北京:中国纺织出版社,2016.

[3] 科恩.谈判天下:如何通过谈判获得你想要的一切[M].谷丹,译.深圳:海天出版社,2006.

[4] 肖祥银.说话的艺术[M].北京:中国华侨出版社,2013.